●广东省普通高校人文社科重点研究基地“粤西教师教育研究中心”资助项目
●广东省协同创新平台“粤台教师教育协同创新发展中心”资助项目
●教育部地方高校第一批本科专业综合改革试点“小学教育”资助项目
●广东省创新强校工程“地方高师院校教、研、创‘三力型’小学卓越教师培养模式的探索与实践”资助项目

学校持续发展的研究力

XUEXIAO CHIXU FAZHAN DE YANJIULI

丛书主编 ◎ 罗海鸥
林文智 宋佳敏 王林发 ◎ 著

江苏凤凰教育出版社
Phoenix Education Publishing, Ltd

图书在版编目（CIP）数据

学校持续发展的研究力 / 林文智，宋佳敏，王林发著.
—南京：江苏凤凰教育出版社，2016.7

ISBN 978-7-5499-5958-7

Ⅰ.①学… Ⅱ.①林… ②宋… ③王… Ⅲ.①小学校长—学校管理—研究 Ⅳ.①G627.1

中国版本图书馆 CIP 数据核字（2016）第 172651 号

书　　名 学校持续发展的研究力
作　　者 林文智　宋佳敏　王林发
责任编辑 雷利军　祁篆萍
出版发行 江苏凤凰教育出版社（南京市湖南路 1 号 A 楼　邮编 210009）
苏教网址 http：//www.1088.com.cn
照　　排 北京世纪鸿文制版技术有限公司
印　　刷 三河市九洲财鑫印刷有限公司
厂　　址 河北省三河市灵山大口
开　　本 787 毫米×1092 毫米　1/16
印　　张 11.25
字　　数 172 千字
版　　次 2017 年 6 月第 1 版　2017 年 6 月第 1 次印刷
书　　号 ISBN 978-7-5499-5958-7
定　　价 30.00 元
网店地址 http：//jsfhjycbs.tmall.com
邮购电话 025-85406265,85400774　短信　02585420909
E - mail jsep@vip.163.com
盗版举报 025-83658579

前　言

内外兼修做研究，双管齐下为管理

林文智，省级特级教师、小学副高级教师、校长，兼任市、区教研员。

林文智长期坚持教研，创建了研究型管理模式，得到上级领导及专家的高度认可和赞赏，1996 年被评为市级优秀少先队辅导员，1999 年被评为市级教书育人优秀教师，2009 年被评为省级“百千万人才工程”名教师培养对象高级研修班优秀学员。他在《现代教育论丛》等刊物上先后发表了《小学数学“先学后导”自主性学习模式的探索》《无为而治，激扬生命发展——谈班级教育管理的策略》等多篇论文。这些成果为广大从事研究型管理的教师提供了借鉴经验，也扩大了其所在学校的影响力。

奋斗与成长

1990 年 7 月至 2004 年 1 月，林文智从师范学校毕业后一直在农村小学任教数学，其间曾担任校教学组组长、校少先队大队辅导员、镇数学组组长、镇总辅导员、镇德育组组长等职务。1992 年 7 月至 1994 年 6 月，林文智参加中山大学哲学专业专科自考。当时，校长并不看好他，认为他不务正业。但林文智并没有因此失去斗志，而是暗暗努力，一边像往常一样备课、上课、开展教研、完成上级交代的任务，一边把自己的睡觉时间缩短一半，挑灯夜读。上天总是眷顾勤奋上进的人，最终，林文智顺利拿到了中山大学哲学专业专科自考证书。这让大家对他刮目相看，也赢得了校长对他的赏识，并有意提拔他担任教导处主任一职。

2003年1月至2006年4月，林文智参加中央广播电视大学教育管理本科学习，以提升自己的管理能力。2004年2月至2011年5月，林文智担任镇德育组组长、小学副校长、小学管理组副组长（主管全镇教学业务）等职务。2011年5月至2013年3月，林文智担任小学校长。从2013年3月开始，林文智担任区示范学校校长。

从教25年来，林文智在管理上有明确的方向、笃定的目标，他懂得率先垂范、潜心导航、广开门路、博采众长，他打造了富有特色的研究型管理模式。学校多次被评为省级德育示范学校、依法治校示范学校。

教研与人生

林文智并不是一开始就找到了开启教育研究的金钥匙，他探索过情境教育，尝试过生本教育研究，最终才走上校本教育研究之路。校本教研是以校为本，通过教研改变学校状况、改善教育环境、创新办学思路的新型教育教学方法，是情境教育和生本教育的有机结合。校本教研更加注重学校与学生的互动作用，是推动教育发展的重要因素。

林文智业务精通，治学严谨，不仅在教育教学方面取得显著成就，而且在培养教师文化素质和提高教师业务水平方面也做出了显著贡献。他每学期在区（镇）上公开课两节以上，听课不少于30节。他任教的数学，成绩一直保持在区（镇）前列，1999年参加市小学数学课堂教学比赛获优质课评比二等奖。同时，他还注重每一位学生个性特长的发展，积极开展“数学的妙用”“我是小小测量家”“生活中的数学”“趣味数学”等主题学习活动，并培养学生写数学日记的习惯。

在课堂教学上，林文智注重“三维目标”的落实，努力构建“课前先学探究—互动交流—以学定导—检测反馈—形成性评价”的“先学后导”自主性学习模式，并充分运用教研成果来进行有效教学。他鼓励学生主动参与学习过程，对教学内容进行自主探究，重点放在学生的“学”上，从而激发学生的学习动机，促使学生主动学习、主动发展，取得了显著的效果。

在多年教育教学经验的基础上，林文智也取得了不俗的科研成绩。《以“五爱”活动为载体，规范行为，培育品质——谈养成教育的实效性和科学性》一文获全国中小学公民道德教育及德育新成果展评活动一等奖；《无为而治，激扬生命发展——谈班级教育管理的策略》一文发表于《现代教育论丛》，并获市教育局德育论文评比一等奖；《开展系列主题活动，促进儿童健康成长》一文发表于《生活教育》；《人本管理，打造幸福校园》一文发表于《课程教育研究（新教师教学）》。2009 年 12 月，他主持开展的省级科研课题“生本教育视野下小学生学习动力机制的研究”顺利通过了结题验收。

教研与管理

在研究型管理中，林文智认为一名合格的管理者既要发挥自己的管理主体作用，又要注重个人垂范作用，双管齐下，这样才能使研究型管理有窍门、有效果。

第一，抓常规管理。他强调管理者的主体作用，不依赖他人，不推卸责任，主动出击。第二，重特色管理。他构建了“镇教研组—片中心校教研组—学校教研组”教研模式，走出了一条“认识感知—实践探索—反思提升”的课改路子。第三，着力打造研究型团队。他制订和实施了“教师专业化发展工程”，促进教师专业化发展，培养了一大批骨干教师。第四，以科研为引领，促进教学效益的提高。林文智经常组织教学专题研究和讲座，组织教师教学基本功比赛和学生学科比赛，每学期都开展“人人上最佳课”和“教学开放周”等活动，形成了良好的研究和学习氛围，教学质量稳步提升。

林文智还十分重视“文化强校、文化立校”，主张以“一切为了学生的发展”为研究型管理的文化支撑和思想指导，主要采取了两项措施：一是营造高品质教育生态。他在学校开展创建和谐班级、诚信班级、文明班级、人文班级、双优班级和活力队部等活动，给学生提供了良好的学习环境，也给教师营造了良好的教研氛围，学校也因此被评为省依法治校示范学校。二是营造高品位的生态环境。林文智通过自己的努力，建起了全市第一所“五爱教育展室”，带领全镇24所学校把科学素养、人文关怀和自然情操融于一体，创建了生态型校园文化。现在学校是省书香校园、省心理示范学校、省校本示范学校、省依法治校示范学校、市特色校园文化学校等，真正实现了“文化立校、文化强校”的目标，为学校发展提供了文化沃土，推动了学校的长足发展。

总的来说，林文智的研究型管理可以总结为三个特色。

一是反思与批判结合，管理与引导齐进。文化凝聚团队、以校为本和实践第一是研究型管理的基本理念，是林文智管理艺术的统帅和灵魂；团结合作、自我反思和专业引领是研究型管理的基本要素，是林文智引领管理队伍的力量和凭借。林文智还敢于批判自我，批判管理的“得”与“失”，从而为解决管理过程中遇到的问题寻找到了新思路、新方法、新措施，多维度完善了管理。

二是成人与成己并重，利益与平等兼顾。在研究与管理过程中，林文智不断培养自己慧眼识“英雄”的观察力，持之以恒、永不放弃的毅力，既成就自己，也不忘成全他人。他坚持校本特色文化建设，把教研的重心下移，使教研更好地为学校的发展服务，促进学校教学质量的提高。教学质量的提高，与教研管理、教研发展及教研成果紧密相连。林文智作为一校之长，深知发展和完善研究型管理是促进学校发展的催化剂，为此，他总是尽力做到公平公正，充分保护教师的利益，以调动教师参与学校管理工作的积极性、主动性。

三是身体力行扬威信，权责分明知己任。在研究型管理中，林文智秉承身体力行扬威信、权责分明知己任的管理理念，通过建立科学、高效的组织机构来规范管理，其中包括计划管理、过程管理、组织管理和制度管理等，从而使学校管理更加制度化、规范化、科学化。同时，林文智善于通过听取他人意见来明辨是非，避免在管理上走弯路。林文智坚持身体力行，极大地促进了团队的和谐共进，为学校的发展提供了制度保障。

漫漫教育路，林文智坚持内外兼修、双管齐下，走研究型管理之路，他有自己的管理主张，从不迷信权威、唯上是从。做研究型管理既是林文智的事业，也是他的挚爱，他为之倾注了自己所有的精力，将他所在团队的力量发挥到极致。可以说，林文智的研究型管理之路，是不断迎接挑战之路。

目 录

第一章

启教育研究之门的“三把金钥匙”

在着手做一件事情之时，如果我们没有好好把握住开端，那么我们失去的不仅仅是一次机遇，更多的是一次成功的机会。教育研究亦是如此。若一开始教育管理者无法找准教育研究的方向和目标，那么他不仅完成不了教育研究任务，还会影响到自己事业的发展。因此，作为一名教育管理者，一定要懂得如何开启教育研究之门。在这方面，林文智可以说是一个能手。那么，林文智在开启教育研究之门上究竟有哪些高超的智慧呢？

从事教育的人常说，“有教必研，无研不教”。对于一名教师来说，不能将“教”和“研”分割开来，两者必须同时进行。唯有如此，才能成为一名学者型、专业型、研究型教师。但是，教研是一个漫长的过程，它需要耗费教师许多的时间和精力，因而对很多教师来说，这是一个很有挑战性的工作。有些教师虽然能够胜任教学方面的工作，但是谈“研”色变，更有甚者，从心理上就抵制教研，这都是不对的。教师是学校进行教研的主力军，要想通过教研促进学校发展，仅靠校长一个人的力量是远远不够的，必须树立全员教研意识，教师全员参与教研工作，这样才能为开启教育研究之门奠定人才基础。

我们下面就来讲讲林文智是如何开启教育研究之门的。

林文智从最初的普通乡村教师一步一个脚印，最终成为一名校长，可谓迎来了事业发展的春天。正所谓“新官上任三把火”，林文智自然也希望自己一上任就能有所作为，树立威信。然而，林文智在准备大显身手的时候遇到了一个巨大的困难和挑战。

上任伊始，林文智便把“科研兴校”作为办学愿景之一。这主要是受到一位教育领导的影响，这位领导曾说：“我当局长时，不管发生什么情况，都把教研放在第一位。”这句话对林文智影响很深，从此，不论是当教师还是校长，他都将教研作为学校工作的重中之重。

为了能够尽快实现“科研兴校”的办学愿景，林文智在开学前一天就召开全校教研动员会议。教师们在会议上畅所欲言，气氛热烈，对新学期的工作满怀激情、充满期待，但当林文智就有关教研的事项向大家询问意见时，不等林文智说完，一位副校长就打断道：“林校长，我知道您召开此次会议的目的，无非就是想搞教研，但是我觉得这是行不通的，有两方面的原因：第一，我们学校的教师趋于老龄化，大多数教师处于专业发展的高原期，能搞教研的教师很少；第二，大家平时已经有繁重的教学任务，且大多数教师还要照顾家庭，根本没有时间进行教研。”

一石激起千层浪，大多数教师都认同这位副校长的看法，同时纷纷发表自己的意见。有的教师认为教研是教育专家和教研人员的事，自己作为一名教师，难以做好教研工作；有些年老的骨干教师认为自己任教多年，教学实践经验丰富，虽未进行教研，但也能够出成绩。林文智看到大家对学校开展教研工作普遍持反对的态度，同时，他也意识到大家的意见具有一定的合理性，学校的确存在这样的问题，因此就决定先把这项工作放一放。

不过，开学一个星期后发生的一件事情使学校部分教师对教研的态度发生了根本性的转变。事情是这样的：开学那天，五年级某班班主任刘老师目睹了自己班上的一名女生小夏在校门口被其父亲当众殴打，由于那个时间正是上学的高峰期，所以很多学生围观。刘老师见状，便上前劝阻小夏的父亲，小夏的父亲虽停止了殴打，但仍大声地斥责小夏，之后便离开了学校，只剩下小夏站在那里哭泣。由于当时已接近上课时间，刘老师便将小夏带进教室，并说了许多安慰小夏的话，听到小夏哽咽地说自己没事之后，刘老师才放心地上课去。但从此小夏的性格发生了巨大的改变，原本外向的她忽然变得敏感、内向、自卑、寡言少语了，不管是上课还是下课总是低头不语，甚至还产生过轻生的念头。班主任、德育主任多次找她谈话也无济于事，无奈之下只好向这位副校长寻求帮助。

这位副校长和小夏进行过两次谈话，但效果也不太明显，他意识到可能是自己的方法不恰当。为了帮助小夏解决心理问题，他决定请教林文智。林文智抓住这个契机，直接把小夏所遇到的问题当成一个小课题来研究，并任命这位副校长为临时研究主持人，而他和小夏所在班级的全体教师则成为研究成员。经过研究分析，大家一致认为小夏父亲的教育方式过于简单粗暴，当众打骂小夏严重地伤害了小夏的尊严。尊严是每个人的致命伤，要是被碰触到了，就有可能毁了这个人。小夏的父亲碰触了小夏尊严的底线，而小夏又不被人理解，只好压抑自己的心情。这时，这位副校长才意识到自己的处理这个问题的方法是不对的，并没有对症下药，认为小夏产生的心理问题自己也有一定的责任。因此，这位副校长便更加积极主动地投入这项研究中。

终于，通过大家的共同努力，商讨出了一个富有成效的解决方案：首先，班主任刘老师让班里每一个学生都读一本有关珍爱生命的书，让小夏从书中认识生命的珍贵；其次，在班里开展有益身心健康的主题班会，营造有利于小夏自我调节的班级氛围；再次，刘老师到小夏家里进行家访，与小夏的父亲进行推心置腹的交谈，详细分析小夏产生这种心理问题的原因，并提出中肯的建议，建议他反思自己的教育方式是否妥当；最后，引导小夏反思父亲为什么会这样对自己，其中是否有自己做得不对或误会的地方。通过这样多渠道的帮助，敏感而脆弱、自卑又内向的小夏逐渐变得阳光起来，她与父亲之间的亲子关系也越来越和谐。更重要的是，小夏所在的班级也变得比以前更加团结、和谐了。必须提到的是，林文智还亲自指导这位副校长将这件事情撰写成教研论文，并鼓励他投稿到某教育期刊上。功夫不负有心人，这篇教研论文在教育期刊上成功发表，这位副校长也因此赢得了教师的称赞和认可，他本人由原来反对教研转为支持教研。

说到这里，也许你会有所疑惑：这位副校长平时事务繁忙，林文智为什么还要任命这位副校长为临时研究主持人呢？这样不会增加这位副校长的工作量，导致分工不合理吗？其实，这个临时任命有点玄妙之处。大家看，一开始这位副校长是十分反对教研的，但这件事情让他尝到了甜头，既解决了问题，又收获了名誉，从而改变了他对教研的态度，进而使之前很多认同这位副校长看法的教师也由原来反对教研转变为支持教研。由此看来，林文智对这件事情的解决方法可谓一举两得，既帮助了这位副校长，又“拉拢”了人心，而这就是林文智的高明之处。

林文智在从事教育工作的过程中成功运用了三件重要的武器。

第一件武器是善思。“学而不思则罔，思而不学则殆。”林文智是一个善于思考的人，当学校的大多数领导和教师都觉得“科研兴校”的办学愿景无法实现时，他始终保持清醒的头脑，坚持自己的办学思路，不人云亦云、随波逐流。

第二件武器是能写。写作是林文智最大的爱好，他经常写随笔，把自己喜欢的句子、名言都记录下来，同时记录与学生在一起的点点滴滴。此外，他还经常将教育管理中闪耀出来的思想火花及时记录下来，日积月累，集腋成裘，为教育研究积累了丰富的研究素材，同时丰富了自己的管理经验，提高了思维的敏锐度。为此，他才有能力指导这位副校长撰写教研论文，并在教育期刊上成功发表。

第三件武器，也是最重要的一件武器，就是研究力强。林文智经常将自己或教师在教育和管理中遇到的难以解决的问题当成课题来研究，并常常亲身参与其中，在研究中提出自己的观点和看法，不断提高自身的研究能力。

林文智认为，既然遇到的问题无法靠一个人的力量来解决，那就干脆组成一个团队来共同研究应该如何解决这个问题，让大家投身其中，从中感受集体思维的力量。这就是人们常说的“三个臭皮匠，顶个诸葛亮”。集思广益，有事情经过大家共同商量，就能商量出一个好办法来。当大家通过教研成功解决问题时，就能体会到教研的有用之处，进而改变对教研的看法，小夏的事例充分体现出集体研究的魅力。

虽说这位副校长和学校的一些教师对教研的态度已由原来的反对变为支持，但林文智仍然很担心，因为学校大部分教师还处于职业倦怠的状态，仍认为自己无法胜任教研工作，对教研没有太大的热情和动力。而且，林文智深知要想以教研为突破口促进学校发展，只靠小部分的力量是不够的，应号召全体教师树立“人人都是研究者”的教研意识，这样才能真正实现“科研兴校”的办学愿景。

尽管如此，林文智心里还是感到些许欣慰，毕竟连最难说服的这位副校长都开始支持教研了，要让其他教师支持教研就并非难事。于是，林文智便对学校开展教研工作充满了信心。

林文智在调动了部分教师参与教研工作的积极性和主动性之后，又使用了三个策略，引导学校全体教师主动参与教研工作，在短短几年之内就使学校获得了全面发展。

策略一　以校为本，教研改变学校状况

当这位副校长没有正确处理小夏的心理问题而向林文智寻求帮助时，林文智没有责怪他，而是选择走宽容路线，让他担任临时研究主持人，通过让这位副校长亲身实践，改变其对教研的看法。

这种宽容策略不但使这位副校长意识到了自己的错误之处，还带动学校一部分教师树立了教研意识，为教研能够在学校顺利开展奠定了思想基础。

采用宽容策略不过是林文智的第一步，林文智还有更进一步的思考。虽然林文智才刚上任便遇到了困难，但是他并没有轻易放弃改革，而是对“科研兴校”战略充满信心和动力。

从一线教师成长为校长的林文智发现，学校对教师教案管理陈旧、落后，形式主义严重，教师仍沿袭传统的备课模式，项目齐全，格式统一“规范”，洋洋洒洒厚厚的几本，足以应付各种检查。把备课仅局限于编写教案，其注意力侧重于保证知识传授的正确性、系统性，而忽视学生心理发展的要求。这样的备课写教案状况如果继续延续下去，将难以适应素质教育的要求，更何谈深化教学改革，培养学生的实践能力和创新意识呢？

鉴于这一思考，林文智采取了前期调查分析策略：一是让教导处组织人员进行专题问卷、访谈、查阅教师教案，分析学生成绩和综合素养的研究；二是进行观课议课，了解教师的教案在课堂中的实施情况，针对性和实效性如何；三是分析教师传统备课教案与动态课堂中存在的问题；四是分析教师专业成长的条件及制约瓶颈。

从调查分析结果来看，教师备课写教案存在如下几个问题。

第一，大量抄袭参考教案或大量超前备课或课后补抄教案，为应付检查做无效劳动。有些即使借鉴特级教师的教案，也有“削足适履”之嫌，

没有充分考虑实际，缺乏创造性。

第二，重形式轻实效。由于教师工作量大，任教科目多，加上学校的管理落后，导致教师的备课与书写教案所耗费的精力比例失调，呈“二八”状态，即20%的精力用于钻研教材、了解学生，80%的精力用于书写教案。

第三，教案的课型较为单一，不能适应新的形势要求。重讲授、练习，很少见研究性、开放性、综合性、典型性错例分析等新课型，如语文科基本上没有作文指导课、口语交际课和测评课等。

第四，课堂效果差。教师照本宣科，依教案施教，课堂缺乏互动，缺少针对性和灵动性，学生的核心素养无法落实。

第五，教师重课前备课，轻课后反思。

有了第一手的调查分析结果，林文智采取了以下对策。

第一，进行人性化管理，变“形式”管理为“实效”管理。林文智知道，目前教师在这种超负荷的状态下，负担重，心理压力大，如果得不到理解、帮助，长期在这种高压、无助和无奈的状态下工作，教师就会产生一种挫败感、无力感，进而丧失前进的动力，产生职业倦怠，其教学效果可想而知。因而，作为管理者，应多从教师的角度去考虑，努力减轻教师的工作负担和思想负担，营造宽松的发展空间，使教师能轻松、积极地投身于教学。这就要求管理要人性化，要重实效，无须规定教案篇幅，无须统一教案格式，让教师自己选择适当的教案书写形式；查备课教案重实用轻形式，不以字迹的工整与否、篇幅的多少等作为评价优劣的标准，把备课、上课、测效有机结合起来，激发教师的创造性，增强质量意识，淡化教案的应检性，将无效劳动降到最低限度。

教案，说到底是“备忘录”，是钻研教材、教法、学法的记录，是留给教师自己看的。教案的详略程度可因人而异，新教师因缺少经验可写得详细些，公开课教案为便于交流可写得详细些，同一教材教过多年的教师可对原教案进行调整、补充、修改或加工，教师也可选取现成教案进行勾画、圈点、修改，无须耗费大量时间重抄。教案的书写也可因人而异，亦可使用电脑备课，还可根据不同学科的特点进行备课。教案格式也无须强求一致，要尊重每个教师的习惯，为教师的创造性劳动提供自由发挥的空间。

第二，提高教师认识，促进其专业发展。要纠正教师原来那种应付备课的态度，林文智认为不能忽视教师专业发展中的自我需要与意识。作为管理者，应通过多种途径唤醒教师的专业发展需要与意识，使其能够明确自己到底需要什么，今后朝什么方向发展以及如何发展。通过引导，使教师明确写教案不等于备课，写教案只是备课的一部分，是备课过程中的最后一个环节，教师要把主要精力用于备课过程之中，投入到钻研教材、了解学生、收集信息的过程中去，重教法，更重学法，围绕教学目标理清思路框架，从繁重的机械抄写中解脱出来，变应检型教案为实用型教案。同时，引导和激励教师养成写教学后记的习惯，及时记录教学心得，分析教学的得失，采取适当的补学措施，不断地积累教学经验，努力提高自身的课堂教学水平。

第三，制度保障，落实改革的实效性。一是组建备课组，加强研究，实现资源共享，提升研究的深度和广度，让每位教师真正动起来。二是进行“新老教师结对”，互研互学，促进教师团队的快速成长。三是加强听课、评课，优化教学过程。学校领导和教研组长每学期要随堂听课（对每位教师至少听一至二次），课后结合课堂实际情况，对备课质量给予评价，同时根据《课堂教学评价标准》评价任课教师的课堂教学水平，并对学生的作业质量与测验的效果进行评价。四是加强对教师备课的检查。备课教案可采取精备和简备相结合的方式。（1）精备，即任课教师选择单元教材中的某一典型课例，精心研究，认真备课，写出翔实的教学方案，该教案应包括课题、教学目标、教学重点与难点、教具准备、教学过程、作业练习、板书设计等内容。（2）简备包含旧案新用、他案我用及在课件上备课。教师备课可采用“书头备课”，即在课本的空白处进行适当的圈写批注。简备方式的教案应包含以下几个方面的内容：①教学目标；②对教学重点与难点的分析；③教学过程的大体思路（在此环节中要能够体现出教师教、学生学的思路，体现出对教学重点与难点的处理方法，如教师的引导、问题的设计等)；④习题的设计、作业的布置、板书的安排等。连续两年以上任教同年级同学科的教师可旧案新用，也可对现成教案进行调整、补充、修改或加工。对教师的备课教案进行检查时，不仅要看其内容是否符合要求，还要看其是否切合学情、切合实际，实效性如何。五是教案检查的重心“后移”。从检查书写转到教后小结的交流、反思上，让教师审视自己的教学行为，记录闪光点和不足，进行问题分析，反思教学设计和教学行为，修正错误，调整思路。六是变检查为自评、展评。变过去领导与教师单一的对话为领导与教师、教师与教师、组长与教师以及自己与自己的多角度的对话。期末全校教师进行备课展示、评比交流。七是对教师的教材教法备课情况进行抽样测试（如笔试、限时说课、限时备课）。

由此，教师从根本上转变了思想和观念，体会到了备课的轻松，教学实效性得以增强，学生也更愿意学习了。教师的个性和才华得到张扬和施展，从而改变了学校教研状况。

策略二　基于问题，教研改变教育处境

林文智采用的第二个策略是“基于问题，教研改变教育处境”。在这里，林文智又遇到了哪些问题呢？

实践表明，教研是提高教育质量的重要途径之一。林文智在担任校长之前，大部分教师认为，只要教师多辅导、多出力、肯付出，教学质量自然会提高。为了改变教师教研意识薄弱、教研氛围不浓厚这种状况，林文智首先让全体教师思考一个问题：为什么“医生越老越香，教师越老越臭”？然后组织大家进行研讨。

一位教师年过五十还活跃在三尺讲台上已经相当不错了，如果教的学生还能考得好那简直就令人敬佩了！放眼望去，在小学打天下的几乎都是年轻教师，老教师出于各种原因似乎成了“鸡肋”。而医生这个职业却相

反，年龄成了他们权威和经验的象征。为什么“医生越老越香”？因为医生凭借的是专业技术，专业技术是越研究越深，经验越多越好，时间长了甚至会形成“一招鲜”的。年龄不会磨损它的价值，因为那是一种智慧，智慧是不容易随着体力的衰弱而减退的。为什么教师老了就不行了呢？因为很多教师拼的是体力，他们在工作中很少研究，专业能力停滞不前。一旦体力不支，价值就立刻降低了。老教师如果没有专业技术，没有“一招鲜”，就谁都可以替代，年轻人体力强，当然就比老教师更有优势了。为什么医生必须提高专业能力，而教师就可以拼体力呢？区别在于，医生无法用权力控制病人而使病人康复，他只有依靠科学的力量，依靠自己的专业水平，而且病人是否康复比较容易看清楚，作假困难。所以医生都倾向于严谨认真的科学态度，病没有治好，他只能承认自己医术不高，进而继续努力提高自己的医术，而不会埋怨病人素质低，得怪病难为医生。总之，医生工作的性质要求他们必须用科学的态度思考问题，把专业水平作为自己的安身立命之本。而教师的情况就不一样了。教师手中有权，这权力是针对学生的，虽然不大，可是对学生很有威力。教师可以用各种手段迫使学生照老师说的去做，而这常常比提高专业水平更容易获得短期效果。所以我们就会看到，教师的主要精力都用来管学生，而不是用来提高自身的专业水平了。很多教师与其说像专业技术人员，不如说更像一个“官”，他们主要靠手中的权力而不是自身的专业水平来工作。很多老教师不如年轻教师受欢迎，也是如此。所以，我们教师应向医生学习，与科研亲近，少用权力，少搞短期行为，不做“教育官僚”，不做“教育打工仔”，随时警惕自己的麻木，要不断挑战自我、超越自我，要读书，要研究，要反思，要写文章，要保持自己的活力，持续提高自己的专业水平，而不是单靠“卖力气干活”，要拒绝僵化，做一个名副其实的专业技术人员。

通过这些思考、分析，让教师警醒，转变落后的观念，明白只有走专业化成长之路，才能跟上教育发展的步伐，才能促进学生的发展。

有了认识，就要有具体的引领。

改革是发展的动力。学校要发展，就需要改革，需要破旧立新。只有改革才能打破陈规旧制，才能创新机制，才能换来学校的新发展。但是改革并不是只要学校管理人员有坚定的变革立场便可成功的，而是要以校为本，结合学校的实际情况并付诸行动，才能获得最后的成功。

在担任校长期间，林文智发现学生阅读量不丰富，于是便为每个班级制作了书架，设立了班级图书角，以期解决学生阅读量少的问题。但是问题接踵而来，其中最重要的就是班级管理问题。由于平时教室是对外开放的，放学后也会有外人进出，再加上小学生不爱惜书本，所以班级里的图书不是不见了，就是被弄得破破烂烂的。为了解决这个问题，教师进行了讨论，但是没有找到行之有效的解决方法。对此，林文智召开了班级管理会议，会议上有两位教师的建议让林文智印象非常深刻。

一位是年老的骨干教师，她在会议上提出这是一个很简单的问题，根据她多年的教育经验，可设立一项有关管理图书的班规，任命几名学生为监督员，只要发现有学生弄丢了或不小心撕烂了书本，就给予相应的惩罚，如打扫教室、厕所等。学生都是害怕被惩罚的，因而班规具有威慑的作用，只要严格执行下去，就不会再有相同的情况发生。

另外一位是年轻教师，她认为虽然说没有规矩不成方圆，没有制度不成管理，但是在很多情况下不是有了制度就能够管理好的。这是为什么呢？因为要想使确立的制度发挥应有的作用，还要看看这项制度是如何产生的。是教育者的一厢情愿，还是教育者和被教育者的共同意愿？这完全是两种不同的情况：一厢情愿确立的制度并不能保证每个人都愿意服从，而基于共同意愿确立的制度则是人人都愿意遵循的。因为人们的心理往往是这样的：既然是自己做出的选择，就要对自己的选择负责。这位年轻教师的见解，是与林文智一起参加“生本教育视野下小学生学习动力机制的研究”总结出来的。这位年轻教师主张让学生自己确立班级管理制度，再让学生自主实施，而教师只是起监督者和引导者的作用。

会议上，由于分别支持两位教师的人员相差不多，林文智便决定让其他教师按照各自支持的做法管理班级图书，实施一段时间后看成效。

过了一段时间后发现，这位骨干教师的做法虽然在短时间内可以约束学生的行为，但由于班级学生人数多，单靠几个人的力量去监督是远远不够的，而且有时候班级里的图书是由其他班的学生拿走丢失的，但是监督员不知道是谁，难以追究责任。久而久之便导致骨干教师采取的制度流于形式，难以实施。而那位年轻教师提出的做法所取得的成效则比较显著。

这位年轻教师将学生看作教育的合作伙伴，在制订班级图书管理制度时让学生发表自己的见解和看法，再由学生自主提议、全体表决通过，让学生既当班级图书管理制度的制订者，又当实施者。由于班级图书管理制度是学生自己制订出来的，使每个学生都有“我是班级小主人”的成就感，所以学生都愿意遵守这项制度，形成了学生互相监督、互帮互助的良好局面。这样做的结果是，学生看完图书后就完好无损地把它放回书架上，班级图书经常被弄丢或被撕烂的现象日渐减少直至再无出现。由此看来，这位年轻教师的建议要更胜一筹，不仅妥善地处理了班级图书管理的问题，还培养了学生的主人翁意识。由此可见，在教育管理中遇到问题时，不能仅靠经验去解决问题，而应通过不断的研究和亲身实践去探索、寻找解决问题的最佳方法。

通过这件事情，我们可以总结一点：不管是教师还是校长，都不能只凭经验办事，而应实事求是，通过研究来寻找解决问题的最佳方案。

说到这里，我们要告诉大家一句话：在职场生涯中，不要觉得自己经历很多，经验丰富，就说什么都是对的。如果别人听取了你的建议却没有获得预期的效果，反而出现的问题比以前更多，那么你就会失去威信，下次再提建议时人们就会对你的建议持怀疑的态度，即使那是一项很好的建议，但听信的人绝对不会像以前那么多。

研究箴言：不管是教师还是校长，都不能只凭经验办事，而应实事求是，通过研究来寻找解决问题的最佳方案。

其他教师看到这位年轻教师的做法取得显著成效后，便纷纷效仿，遇到问题时也是通过研究来寻找方法，改变了以前学校教师惧怕研究甚至无人研究的状况。

当林文智得知班级管理出现问题时，他并没有直接给出解决问题的方案，而是让教师自主提出解决的办法，通过不同方法的对比在教师心中播下教研的种子，增强教师的教研意识。

我们都有这样的体会，当你一直从事某项工作时，多多少少会感觉枯燥和乏味。苏联著名教育家苏霍姆林斯基说："如果你想让教师的劳动能够给教师带来一些乐趣，使天天上课不至于变成一种单调乏味的义务，那你就应当引导每一位教师走上从事研究的这条幸福的道路上来。"也就是说，要想使教师享受到教学的快乐，就要营造浓厚的教研氛围，增强教师的教研意识。

鉴于这种情况，林文智将教研作为学校工作的重要内容，期望通过教研改变学校的教育处境，使教师从心底里认同并享受教研，从而全身心地投入到教育工作中去。《孙子兵法》中有一句话：攻城为下，攻心为上。就像教师上课一样，如果你想让学生喜欢你的课，就要事先研究学生的心理，了解学生的兴趣爱好，采取学生喜闻乐见、乐于接受的教学方法上课，这样才能让学生愿意听你的课、喜欢你的课。所以，作为一名研究型校长，要想让全体教师树立"教师即研究者"的意识，就要让教师对教研产生职业认同感。

为了让教师对教研产生职业认同感，林文智采取了以下两个策略。

一是任务驱动。说起教研，研究什么是教师最头疼的问题。为此，林文智经常深入教学第一线，与教师一起备课、上课，共同交流、沟通和探讨在教学中遇到的问题。同时，他还安排教师到自己的研究课题当中来，亲自指导教师如何通过研究解决教学问题。渐渐地，教师与林文智的共同话题越来越多了，他们看到林文智如此重视教研，也渐渐开始关注教研。

二是人文激励。在工作中，林文智给予教师充分的信任。教师的自尊心都很强，你信任他，对他抱有很大的希望并鼓励他去行动，他往往会以"不能辜负学校领导的信任"来鞭策自己，自然就会全身心地投入教研工作中。同时，林文智也会把一些最困难、最艰巨的教研任务交给某个教师，在大家的关注下，有意制造一种气氛，使他觉得这是校长对他的最大信任，他就会想尽办法把它完成。

经过一段时间的实践，学校里的教研氛围渐渐浓厚起来，教师参与教研工作的主动性和积极性也逐渐提高。然而，前途是光明的，道路是曲折的，当你认为一切都很顺利的时候，往往会有意想不到的事情发生。

学校要举行课堂教学比赛，获得第一名的教师可以代表学校参加市级比赛。林文智原本以为会有很多教师积极参加，但事实恰恰相反。教导处动员大家积极报名时，大家纷纷避之唯恐不及，且各有各的理由：老教师认为自己年纪大了，应该把更多的机会留给年轻教师；而年轻教师则觉得自己经验不足，不能担此重任。无奈之下，教导处主任只好请示林文智应该如何解决这个问题。林文智经过斟酌，向教导处主任推荐了毕业不久刚来到学校任教的谭老师。

教导处主任对此表示怀疑，他认为谭老师刚参加工作不久，教学经验不足，若要到市里参加比赛，恐怕很难拿到较好的名次。林文智说，谭老师最大的优点是教学基本功好，课堂掌控力也较强；此外，她的普通话非常标准，读大学时是学校的播音员，这在农村小学来说是一个很大的优势，因为学校里很多教师的普通话都不标准；最重要的是，她肯学习，愿意钻研业务，是可造之才！

事实证明，林文智确实会用人和培养人。谭老师代表学校参加市级课堂教学比赛，获得了一等奖的好成绩。一开始，谭老师也觉得自己不行，但看到校长这么信任自己，也就全身心地投入这个任务中。林文智还为谭老师组建了一个备课团队，一起为课堂教学比赛做准备。林文智与大家一起探讨、研究如何制作课件、备课、讲课，如何才能获得评委的肯定和青睐。

在准备期间，有件事让林文智印象非常深刻。有一天晚上十一点多，林文智因有事需回学校拿资料，让他没想到的是教师办公室还是灯火通明，走进去一看，原来是谭老师和其他教师在讨论有关比赛的事项，其中不乏一些家庭需要照顾的教师，但他们都愿意牺牲自己的时间来帮助谭老师为比赛做准备。林文智见到这样的情景，心里既感动又欣慰，也加入了他们的讨论之中。可以说，谭老师第一次参加比赛就能够获得骄人的成绩，除了她自己的努力付出之外，还有其他教师的无私付出。在比赛结束后的表彰大会上，谭老师主动要求在会上发表感言，对支持和帮助自己的教师表达了感激之情。

有句话叫“兄弟同心，其利断金”。在一个团队中，如果所有成员都拧成一股绳，齐心协力、相互支持、相互配合，那么遇到任何问题和困难都能迎刃而解。所以谭老师的成功不是她一个人的成功，而是一个团队的成功。

比赛结束后，林文智任命谭老师为语文教研组组长，并对其进行重点培养。林文智先安排两位骨干教师辅导谭老师，帮助谭老师进一步提高课堂教学能力，并要求谭老师多阅读有关教育的期刊和书籍，从中学习最先进的教育方法，并付诸实践。林文智还经常去听谭老师上课，并给予其相应的评价以及指导。此外，林文智还邀请谭老师参加课题研究，以教研促进教学。谭老师也不负众望，作为一个语文教学各项工作的组织者和带头人，她积极主动地进行教育科研，组织学术研究，积极撰写教研论文，并以科学的态度对待教研工作。在林文智的带领下，谭老师通过不懈努力，从一个普普通通的乡村教师逐渐成长为受人尊敬的省优秀乡村教师。

更重要的是，谭老师作为教研组组长，她的成长过程和经历起到了示范作用，她在工作中表现出的教研热情唤醒了其他教师的教研意识，激发了其他教师的教研积极性，让其他教师认识到教研可以改变自己的教育处境，因此，更多的教师都把自己的业余时间投入到教研工作之中。

在管理学中有一句话：再懒惰的马，只要身上有马蝇叮咬，它也会精神抖擞，飞快奔跑。其内涵是，作为一名管理者，若能找到合适的激励因素，就能让能力突出的员工卖力工作。

研究箴言：作为一名管理者，若能找到合适的激励因素，就能让能力突出的员工卖力工作。

林文智根据学校的实际情况，在管理中找到了合适的激励因素。他充分信任教师，帮助教师充分认识自我，挖掘个人潜能，增强必胜的信心，而教师为报答林文智对他们的知遇之恩、信任之情，也会更加努力地工作。正如一位教育家所说："教师是否真心实意与校长合作，关键取决于校长是俯视教师还是平视教师。"

林文智为了改变学校的教育处境，遇到了各种各样的困难，他没有知难而退，而是迎难而上，通过实际行动，靠智慧成功铲除了学校前进道路上的荆棘。当林文智成功改变了学校的教育处境，为开启教育研究之门找到第二把"金钥匙"之后，他下一步要采取的策略是什么呢？从他的做法中，我们又能吸取怎样的经验呢？

策略三　勇于探索，教研创新办学思路

林文智作为学校的领头人，肩负着要突破教育前进道路上的重重障碍，从而改善教师职业倦怠弥漫的现象的艰巨任务。他充分、有效地利用自己的权力与能力，探索创新，寻求办学新思路，在校本教研的道路上取得了可喜的成绩。这主要是基于以下几个原因。

第一个原因是"延续性"，第二个原因是"本土性"，第三个原因是"针对性"。"延续性"是指要坚持不懈，"本土性"是指要独树一帜、自成特色，"针对性"是指要对症下药。

首先从"延续性"上看，教育事业发展的道路是相当曲折的，所以必须要有坚忍不拔、坚持不懈的精神，才能把校本教研坚持下去、延续下去。

林文智还是副校长时，第一次独立主持一个省级课题研究，没有实践经验，他和实验教师摸着石头过河，靠的是"边学习、边研究、边实践、边反思"，磕磕碰碰一路走了过来。当时由于学校不支持，实验教师分布

于不同的班级，每个班只有一个实验教师，这给他的实验增加很多不利的因素，原因是同一个班的学生既要适应实验教师的教学风格，又要适应非实验教师的教学要求。更难的是实验班三年被拆班了三次（原因是成效明显，其他班的家长要求把孩子调到实验班，学校就重新编班）。对此，他们并没有气馁和放弃，而是迎难而上，化阻力为动力，坚持实践、研讨。他们把实践新的教育理念当作实现自我价值来追求，把教学过程当作教育艺术享受，分享研究的快乐。通过课题研究，他们养成了反思的习惯，提高了理论水平和教学能力，创造性的研究成果不断生成。在此过程中，教师就有 20 多篇文章在各级各类报刊上发表或获奖；一位教师在第五届广东省小学数学优化课堂教学录像课评比活动中获一等奖，两位教师分别获湛江市数学和语文课堂教学比赛二等奖，一位教师获湛江市班主任技能技巧比赛一等奖；一位教师被评为广东省第四批名教师培养对象，一位教师被评为“南粤优秀教师”，一位教师被评为广东省山村优秀教师，两位教师分别被评为湛江市语文和数学教学骨干教师，一位教师被评为区十佳教师之一等。

这就是坚持不懈所取得的研究成效。

其次从“本土性”上看，校本教研特别注重以人为本，要善于反思自己的决策，反思教研过程，从而更好地满足教师与学生的需要。

林文智在“构建知行特色德育策略研究”中，深入挖掘中华优秀传统文化教育资源，积极推行国学教育。在课程设置方面，成立国学教育实验班，开发国学教育校本教材《觉童》，开设国学校本课程，开展国学诵读评比活动；在活动组织方面，开展创新主题德育系列、创新国旗下活动系列、创新重大节日活动系列、创新社会实践活动系列和创新家校合作系列这五个创新系列主题教育活动，构建了独具特色的德育体系，提高了实效性，为学生全面发展和终身发展奠定了坚实的基础。

为了营造真正属于学生的“觉童乐园”，全面推进素质教育的发展，不断提升学生的综合素质，林文智开展了别开生面的第二课堂特色“跑课”活动，利用每周五下午的时间开设了中国结、绘画、书法、音乐、写作、国学、围棋、足球、太极拳等20多项校本课程，供学生自主选择（每个学生都选择了一个兴趣班）。自“跑课”活动开展以来，教师们开发了自己的特色课程，增强了课程建设意识，丰富了校园文化生活，师生的精神气质发生了积极的变化，教师的才能得到了发挥，学生的个性得到了彰显。

最后从“针对性”上看，北京师范大学的许燕教授认为，“春蚕到死丝方尽，蜡炬成灰泪始干”是人们对教师奉献精神的颂词，但换一个角度看，也是对教师心理倦怠状态的生动描述。林文智注意到，自己学校的教师也不例外，教师职业倦怠现象也很严重。消除教师职业倦怠必须要运用一系列有针对性的策略。

教师职业倦怠无论是对教师还是对学校，都是一个消极的问题，如果处理不当，大家将会付出相当大的代价。

为解决这一问题，林文智采取了一系列措施：一是开展新老教师互助结对活动；二是开展“读书存折”活动；三是应用“三环四维”教研策略。

教师职业倦怠的一个表现为价值枯竭，具体表现为价值观和信念忽然改变，个人成就感降低，对自己工作的意义和价值的评价降低，认为工作是一项枯燥乏味、机械重复的烦琐事务，因而无心投入。

然而林文智认为，学校的生命在于质量，提高教育质量的关键在于教师，在于教师的素质。要使学校长盛不衰，关键是要有一支结构合理、思想素质好、业务水平高的教师队伍，所以做好教师的培训工作，是学校可持续发展战略的重中之重。为了加强学校师资队伍建设，强化教师间的相互学习，共同提高教学水平，充分发挥每位教师的优势，促进校本教研的深入开展，提高学校的整体教学质量，林文智决定实施新老教师互助结对活动。

新老教师互助结对活动，就是不同风格和教龄的教师自愿组合，互助研究。通过加强对教学常规工作的指导和强化对教师结对互研工作的过程性管理及督查工作，实现取长补短、互帮互学、共同进步，达到教师队伍的整体优化。学校根据新老教师互助结对实施方案和协议要求，分阶段、多渠道（自评、同行评、学生评、领导评，查资料、看成效等）对互助结对工作进行目标考核，强化对结对进行捆绑式的管理、考核与评价。

认知枯竭是职业倦怠的一个重要表现，是校本教研要突破的一个重要难题。现在很多教师感到自己的知识无法满足工作需要，尤其是难以胜任一些挑战性工作，不能适应知识的更新和不断变化的教学要求，怀疑自己，感到无能和失败，进而减少心理上的投入。

尊重教师心声，注重发掘人才，要用全面的眼光看待教师，让教师各得其所，也是相当重要的。新老教师结对活动提出初期，有教师认为这样做会让有些人觉得自己低人一等，不利于工作。林文智觉得应该听取他人意见，才能使得校本教研进展得更加顺利。所以他就把更多的选择权交给教师，使得教师们更尽心尽力参与此项活动。

校本教研工作，若要富于创造性，就要自力更生。当然，自力更生并不等于故步自封，反而要不断探索、不断发展。

就拿语文来说，林文智所在学校像其他学校一样要求学生提交一些简短的读书笔记。但是很多学生都是拿之前的读书笔记来应付老师，使得这项措施成效不大。为了解决这一难题，林文智创造性地提出“读书存折”的建议，即给学生制作一本“存折”，然后根据学生阅读的时间，来给他们定期存入一笔奖励的分数，等到奖励的分数累积到一定程度以后，可以根据相应的奖励分数，送给学生一些礼物。“存款额”长期有效，不用每周清零，这大大激发了学生阅读的积极性。

林文智还提出“三环四维”教研策略，即深入钻研教材，分析教学重点、难点，互助组间实行共同备课，在知识点的落实上要互相审核，提出修改意见；在教学中遇到疑难问题主动请教，对提出的意见虚心接受，及时改进，主动、积极地吸纳对方所长；主动邀请结对教师亲临课堂指导自己教学。通过这些活动，每个教师都可以通过自己的努力提高自身的教研水平。

另外，林文智为了让家长更加重视对孩子的教育，要求教师研究如何进行家庭教育，并且邀请家长也参与进来。一开始许多教师都觉得这不可行。但是林文智没有轻易放弃，而是耐心地做教师的思想工作，并且身体力行地邀请家长一起参加，以实际行动支持这一工作。

行动是最具说服力的，教师们看到了自己努力的成效，因而也对校本教研更有信心、更有期待。这也在一定程度上激发了他们教学的活力，减轻了他们的职业倦怠。

有了这三方面的举措，林文智才把教师的积极性、主动性充分调动起来，在校本教研方面取得良好的成效。不过，在这之前，林文智曾花了大量心思去探索校本教研的可行性，也身体力行地解决了这条道路上遇到的一系列问题。

约翰·洛克菲勒说，如果你要成功，就应该朝新的道路前进，不要跟随被踩烂了的成功之路。同样，学校的成败在于能否创新，尤其是在当前教育改革阶段，更需要有创新精神。比如马云，当绝大多数人都在追求把企业做大、做强时，他率先把“小就是美”的理论应用于电商的筹划与发展的战略中，他把注意力转向中小企业，利用规模小但是数量大的小型民营企业给自己搭建更高的跳板。勇于创新，敢于寻求发展新思路是教育事业的最有活力的驱动力。

林文智作为校本教研道路上的开拓者、领路人，不断探索，寻求办学新思路，取得了可喜的成绩。他能取得这样的成绩，除了有一批优秀教师的大力支持之外，还得益于他自己善于思考、善于反思，也得益于他的创新精神。

第二章

科学研究的四大法则

在从事科研工作的过程中，任何人都不可避免地会遇到这样那样的问题。然而，只要你找到了解决这些问题的正确方法，你所面临的问题就会迎刃而解，从而获得成功。那么，林文智面对阻碍学校科研工作进展的问题时，他是怎么做的？从他的做法中，我们又能得到什么借鉴呢？

“得其法者事半功倍，不得其法者事倍功半。”每个科研工作者在进行研究的过程中都离不开科学的方法，若方法不当，就会像无头苍蝇一样到处乱撞，不仅会导致研究偏离方向，无法进行下去，甚至可能无法得出有意义的研究成果。那么在这个时候，如何才能掌握科学的方法使科研工作能够顺利进行呢？我们看看林文智是怎么做的。

2002 年 9 月 1 日，正是学校开学之际，也是林文智最忙的时候，各种会议接连不断。这一天，他早早来到学校准备有关开学典礼方面的工作，没想到，刚进办公室没多久，就接到教育局长的电话，让林文智在开学典礼结束后马上去教育局一趟，但并未说到底是去干什么。放下电话，林文智有些担心，因为他知道在一般情况下，如果没什么事，教育局长是不会那么早给自己打电话的。究竟是什么事呢？是有紧急任务安排给他做，还是有哪里做得不好引起了局长的注意？

本来现在是开学的第一天，一切工作都已安排妥当，且进展得比预期还要顺利，没有什么特别的事情发生，林文智感到轻松呢。现在却因为教育局长的一个电话，林文智从开学典礼开始到结束，再到开车驶向教育局这段时间，心情一直都非常忐忑。

管理学上有个定律叫“墨菲定律”，其主要内容是，事情如果有变坏的可能，不管这种可能性有多小，它总会发生。换句话来说，就是越害怕发生的事情就越会发生。

而事情也正如林文智所料，他最担心的事情真的发生了。当林文智来到教育局长的办公室时，教育局长急忙放下手中的活儿，招呼林文智坐下后便说：“现在上级正在实施新课改研究，如果我们区有四所学校参与这项课题研究，那么我们就可以参加‘课题实验区’的评选，这样既可以促进我们区的课改研究，也可以提高这几所参与研究的学校的教学质量，可谓是一举两得。在挑选这四所学校方面，我首先想到了你们，因为一直以来你们在教研方面都非常努力。但是，这个科研课题研究周期比较短，需要你在一个学年内完成，你敢不敢接？”

林文智听后，思索片刻说：“局长，现在学校正在研究的课题有好几个，如果再接这个课题，我担心会忙不过来，不能按时完成任务。”教育局长听了，并没有说什么，只是让林文智回去再好好想想。尽管如此，林文智从教育局长的神态中看出他的意思还是希望自己能够接受这个科研课题。

回到学校后，林文智思来想去，还是想不出有什么好的推脱理由，于是便召集中层干部一起讨论到底是应该承担还是应该委婉地推脱掉这项任务。在讨论的过程中，大家一致表示：学校的确还有好几个科研课题正在研究，而且教育局长要求我们参加的这个课题也很有挑战性，要想按时完成比较难！但这是教育局长亲自安排的任务，可见他本人对此非常重视，因而也不太好推脱。讨论无果，林文智感到很纠结。后来，林文智想到，既然教育局长如此重视这项课题的研究，并亲自安排给自己，说明他看重自己，并对自己寄予厚望，自己不应该退缩。于是，林文智决定接受这项任务。

这时，问题才真正开始。林文智知道，科研课题如果过多，就会加重教师的负担，进而影响学校的日常教学工作，甚至导致教师失去工作热情。况且，并不是学校的每个教师都对科研都了如指掌，熟悉科研的教师并不多。那么，如何在完成本校课题的情况下，按时按质完成教育局长安排的这个任务呢？这个问题一直困扰着林文智。

眼看日子一天天过去，林文智心里非常焦急，他觉得如果不尽快找到解决问题的办法，就无法向教育局长交代，这不仅会让教育局长对自己有意见，而且会给学校造成不良的影响，不利于学校的发展。为此，林文智多次召开会议讨论这个问题。在一次会议上，有一个人的发言帮助林文智解了燃眉之急。

这个人是谁呢？这个人就是数学教研组组长谢老师。谢老师是学校难得的科研人才，曾主持多项课题研究，撰写的多篇教研论文在知名报刊上发表。在会上，他建议将教育局长安排的任务与本校正研究的课题结合起来，寻找这两者之间的共同点作为切入点，把新课改研究课题融入本校的研究课题中，这样既省时又省力。这一提议得到了包括林文智在内的全部与会教师的高度赞同。于是，林文智便顺势任命谢老师为这一课题研究的主持人，因为在他看来，这一课题研究是一项紧迫而艰巨的任务，需要有能力的人来承担。而谢老师恰好在科研方面有一定的建树，是承担这项任务的最佳人选。确定人选后，林文智便立即与大家一起研究这两个课题之间的共同点，并结合课改的要求、学校的实际和教师的能力，利用“规划课题层层分解法”成功地将新课改研究课题融入了学校研究的课题中。

在林文智的大力支持和谢老师的努力之下，他们在规定时间内高质量地完成了对新课改课题的研究，林文智因此得到了教育局长的赞赏，而以谢老师为首的数学教研组由于在新课改课题的研究中表现出色，被评为“市示范科组”。按理说，这次科研任务能够顺利完成，实属不易，理应让全校教职工放松一下，但林文智没有丝毫松懈。他认为，打铁需趁热。在刚完成新课改研究课题成果后的第二天，他就组织召开了如何有效开展教研工作的会议。经过一番激烈的讨论，林文智与与会教师总结出了一个方法，即在开展教研工作之前，首先要认真思考和分析所要研究的课题中最需要解决的问题是什么，然后再继续下面的研究工作。在这种方法的指导下，教师们大大减少了在科研工作中犯错的概率和摸索的时间，有效提高了科研工作的效率和效果。

不管做什么事情，我们都得讲究方法。当今社会是一个讲究效率的信息社会，高效能人士往往能够在竞争激烈的社会中抢占先机，脱颖而出。其实，提高工作效率的方法有很多，其中最主要的就是要抓住工作的重点，即抓住主要矛盾。用俗话讲，就是“牵牛要牵牛鼻子”，唯有如此，才能够“牵一发而动全身”，起到“四两拨千斤”的作用。

伯利恒钢铁公司总裁查理斯·舒瓦普曾会见效率专家艾维·利，艾维·利说自己的公司能帮助舒瓦普把他的钢铁公司管理得更好。舒瓦普说他自己懂得如何管理，但事实上公司的运营不尽如人意，可能他需要的不是更多的知识，而是更多的行动。他说：“应该做什么，我们自己是清楚的。如果你能告诉我们如何更好地执行计划，我听你的，在合理范围内价钱由你定。”

艾维·利说只需10分钟，他就可以让舒瓦普的公司提高至少50%的业绩。他递给舒瓦普一张白纸，说：“在这张纸上写下你明天要做的最重要的六件事。”过了一会儿又说：“现在用数字标明每件事情对于你和你的公司的重要性次序。”这花了大约5分钟。艾维·利接着说：“现在把这张纸放进你的口袋。明天早上你要做的第一件事情就是把这张纸条拿出来，完成第一项。不要看其他的，只看第一项。着手办第一件事，直至完成为止。然后用同样的方法去做第二件事、第三件事……直到你下班为止。如果你只做完第一件事情，那不要紧。因为你一直都在做着最重要的事情。”

艾维·利说：“每一天都坚持这样做。当你对这种方法的价值深信不疑之后，叫你公司的人也这样干。这个实验你爱做多久就做多久，然后给我寄支票来，你认为值多少就给我多少。”

整个会见历时不到半个钟头。几个星期之后，舒瓦普给艾维·利寄去一张25万美元的支票，还有一封信。舒瓦普在信中说，从钱的观点看，那是他一生中最有价值的一课。后来有人说，五年之后，这个当年不为人知的小钢铁厂一跃成了世界上最大的独立钢铁厂。显然，艾维·利提出的方法功不可没。

事有本末、轻重、缓急，要想成为一名优秀的管理者，就必须先分析事情的主要矛盾和次要矛盾，认清事情的本末、轻重、缓急，然后从重要的方面下手。只有抓住重点，才能集中人力、物力、财力办大事，才能提高工作效率，获得成功。

做事情最怕不讲方法，“眉毛胡子一把抓”。人们在工作中会遇到众多的问题，这些错综复杂的问题往往令人眼花缭乱、无所适从，认为这个问题是要重点解决的，那个问题也是要重点解决的，结果是一味地忙忙碌碌、辛辛苦苦，什么问题都想解决却什么都解决不了。一个人的时间和精力都是非常有限的，要想真正“做好每一件事情”那是不可能的，所以做事时一定要先找出主要问题是什么，从而牵住牛鼻子，牵住了牛鼻子，解决其他问题也就易如反掌了。

这其实就是管理学中的“二八法则”。意思是说，要把80%的资源花在能出关键效益的20%的方面，这20%的方面又能带动其余80%的发展。做事情就是这样，要想面面俱到还不如重点突破，把主要精力花在解决主要问题、抓主要矛盾上，如此才能做到忙碌而不盲目，实干、巧干而不乱干、蛮干。

研究箴言：做事情就是这样，要想面面俱到还不如重点突破，把主要精力花在解决主要问题、抓主要矛盾上，如此才能做到忙碌而不盲目，实干、巧干而不乱干、蛮干。

林文智深谙“二八法则”，他在拿到一个研究项目之后，首先分析和研究这一项目需要解决的主要问题是什么，从抓住并正确解决主要问题入手，进而带动其他问题的解决，达到纲举目张、掌控全局、以点带面、事半功倍的效果。然而，并不是每个人都能做到这一点，但林文智做到了。那么，他是如何做到的呢？

策略一　心有疑思，找准研究的切入点

亚里士多德说，“思维是从疑问和惊奇开始的”。疑是思维的开端，是创造的基础。有疑才有思，经过思考就会发现问题，有了问题就会产生疑惑，如此循环往复，相互促进，从而把思维引向深处。因此可以说，质疑和思考往往是成功的开始。在现实生活中，仔细研究我们周围的那些成功者，无一不是善于质疑和思考的。一个成功者，通常会把质疑和思考作为天职。疑思也是林文智能够在校本教研的道路上获得成功的一个重要因素。他认为，要想成为一名合格的研究人员，就必须具备发现问题的能力，因为“打开一切科学研究大门的钥匙就是问题”，只有找到一个有研究价值的问题，才能明确研究的目标，并为研究找准切入点。

研究箴言：一个成功者，通常会把质疑和思考作为天职。

林文智在工作中特别注重通过“疑思”来锻炼自己发现问题的能力。总结起来，有以下三个方面。

第一，在做中发现。古人说，处处留心皆学问。在工作中，林文智都会留心观察工作中出现的问题，并及时思考问题产生的原因和解决的方法。在工作问题中找课题，什么问题阻碍了学校的发展，就研究什么。

第二，在听中发现。一般情况下，在下班之前，林文智都会到教师们的办公室与大家聊两句，询问他们今天的工作如何，有没有遇到不懂的问题，一来二去，教师们与校长的关系越来越好。教师们在教学中遇到什么难以解决的问题都会主动找林文智商量对策，如果实在解决不了，大家就把这个问题当作课题来研究。

第三，在读中发现。尽管校长的工作很忙，但林文智仍坚持每天阅读一篇有关教育的文章，并对其中感到疑惑的观点或问题不断进行发问且深入思考、研究，从中发现有价值的问题。

然而，必须明确的是，一个科研课题往往需要许多人协作才能完成，当然也包括研究问题的确定。因此，在进行科研的过程中，仅仅校长自己具备发现问题的能力是远远不够的。作为学校管理者，校长还要利用一切可以利用的方式来提高教师的问题意识，帮助他们依靠自己的力量发现有研究价值的问题，为顺利开展科研活动打下良好的基础。关于这一点，这里举一个典型的事例。

宋老师是语文教研组内出了名的“问题先生”，因为每次在教研座谈会上讨论选什么问题来研究时，他提出的问题最多，他觉得什么问题都可以拿来研究一番，但其实有些问题是根本不具备研究价值的。当其他教师对此提出异议时，宋老师便据理力争，说出许多自认为有道理的话来为自己辩解，企图说服对方。这样一来，本来预定一个半小时的教研会议往往要延迟半小时甚至是一小时才能结束，对此其他教师颇有怨言。

与之相反的是，英语教研组的黄老师对科研的兴趣不大，处于没有任何问题的状态。每次在教研会议上，英语教研组组长问她对选题有什么意见，她想都不想就说没有。要知道，没有问题就没有解决问题的冲动，没有解决问题的冲动就无法产生研究的欲望，而没有研究的欲望就难以产生研究的行动，没有研究的行动当然也就没有有效地解决问题的方法。所以，尽管黄老师也能接受并完成教研组组长分配的科研任务，但是质量并不高，需要教研组组长重新修改一番才能达到学校的要求，这在一定程度上增加了英语教研组组长的工作量。为此，教研组组长曾多次委婉地批评她，但她依然如此，这让教研组组长很犯难。

对于科研工作而言，没有问题，或者问题不集中，进行科学研究的价值与作用就会大打折扣，或是研究方向有差异，或是线索不明，总之，研究的成果肯定难以令人信服。

这一问题引起了林文智的高度重视。为了能够有效解决这一问题，他查找了很多有关这方面的资料，希望能从这些资料中找出宋老师和黄老师在科研工作中有这种表现的原因。此外，林文智还多次就这一问题与中层干部进行研究、讨论。

经过研究林文智发现，宋老师因为刚入职不久，对教育工作抱有极大的热情，对教育问题也充满好奇，尤其是对自己在教学中遇到的问题比较敏感，所以他提出的问题最多。但由于教学经验和教研经验不足，当很多教育问题摆在宋老师的面前时，他又不知道该选什么问题来研究，更不知道哪些教育问题是具有研究价值的。

怎样才能让宋老师意识到自己存在的问题与不足，又不会打消他的积极性呢？这个问题困扰了林文智很久。经过思考，又和中层干部协商之后，林文智决定先私下找宋老师谈谈。在交谈时，林文智首先肯定了宋老师能够把巨大的热情投入教育和研究之中，这非常可贵，接着指出宋老师在选择研究问题上的不足之处，并结合自身的教研经验，给宋老师提了建议，告诉他在确定研究问题时应从这几个方面考虑：一是所提出的研究问题是否能够提高教育效能并能促进学校发展；二是所提出的问题是否能够获得第一手材料，并能够找到足够的、恰当的二手资料来源。最后，林文智还现场演示了如何找到有价值的研究问题。通过林文智的言传身教，宋老师也意识到了自己以前空有教研热情但欠缺思考的不足，于是高兴地采纳了林文智的建议。

经过一段时间的实践，宋老师在确定研究问题上有了很大的进步。在教研座谈会上，他不再像以前那样提出那么多的问题，而是有针对性地提出一两个与所要研究的主题密切相关的，也是大家在教育中遇到的疑难问题。其他教师都惊讶于他的变化，于是便纷纷询问宋老师为什么会有如此大的进步。当大家知道原因后，无不交口称赞林文智校长，并且纷纷将他的建议在自己的学科组推广。如此一来，教师们在确定研究问题时，都会从林文智建议思考的两个问题入手，这大大提高了学校教师确定研究问题的准确率和针对性。

而对于黄老师，林文智经过观察发现，她是一个安于现状之人。黄老师虽然入职不到两年，但是在课堂教学上已颇有成绩。她的课堂教学新颖而有活力，学生们都很喜欢她，下课也有很多学生黏着她。在区级或市级的课堂教学比赛上，她一般都能够获得一等奖或二等奖。因此，她觉得这样就够了，没必要再将身心投入到科研中去。因而在确定研究问题时，黄老师往往处于“没有问题”的状态。

针对黄老师的状态，林文智运用了“鲶鱼效应”的原理。“鲶鱼效应”是指鲶鱼在拨动小鱼生存环境的同时，也激活了小鱼的求生能力。其实质是一种负激励，是激活员工队伍的一种方式。林文智从外校调进一位与黄老师年龄相仿的张老师。张老师在课堂教学方面虽然比不上黄老师，但是他热心科研，有很强的进取心、事业心和责任感。每当学校举行科研活动时，都能看到他活跃的身影。在科研活动中，他勇于发言，提出自己的意见和建议，并积极向其他科研水平高的教师学习。一段时间过后，张老师在教育和研究方面进步飞快，多次受到林文智的表扬和称赞。张老师就像“鲶鱼”一样，他的加入让黄老师产生了一种危机感，于是她重新审视科研活动。当她发现科研在提升教育质量方面的巨大作用后，渐渐地也对科研产生了兴趣，同时对科研工作也有了更多的关注和思考。

林文智采取的“鲶鱼效应”取得了较好的效果，不仅促使黄老师积极参与科研活动并提出了许多有价值的研究问题，同时还激发了其他教师对于科研的热情和兴趣，可谓是一举两得。

策略二　开展批判，增强研究的说服力

在进行教育研究的过程中，问题意识固然重要，但如果没有对问题进行分析与判断的环节，就很难形成清晰的认识。因此，科研工作者还要学会通过反思与批判去验证自己的疑问，修正并完善自己认为正确的观点，以增强研究的说服力。

林文智刚上任不久，发现学校在对课堂教学进行评价时，有一个环节是对教师的教案进行定期检查。检查的方式则是看教师是否按照学校规定的要求、格式和标准书写教案。对此，林文智有自己不同的看法和见解，于是，就这一问题他召开了科组会议，讨论有关教案撰写改革的问题。

在会议上，林文智表示，教师平时工作已经很累了，再让他们详细写书面教案，无疑是在浪费时间，是在做无用功。而且，有些教师为了应付检查，不是急急忙忙从网上摘抄一份交上去，就是简单改动一下就完事儿，没有几个教师是认认真真书写教案的。这种为了应付检查而写教案的做法要改变。更重要的是，教师的教案交上去之后，许多领导由于各方面的原因并没有对教案进行及时的检查和反馈，以致教案检查流于形式化。因此，林文智建议实施个性化备课，即骨干教师和教学水平较高的教师可以用简案；对于课堂教学不太熟练的教师，则要求他们按要求认真写教案，领导要仔细检查，必要时还要加以指导。林文智的建议得到了大部分与会教师的大力支持，但主抓教学的副校长提出了几点意见：第一，如果教师写的教案详的详、简的简，没有统一的格式、统一的要求，学校就很难对备课这一环节进行管理；第二，有的教师要写教案，有的教师不用写

教案，这会不会让教师觉得不公平，导致教师产生逆反心理，降低教学的积极性和主动性？第三，教案是备课的痕迹，如果不要求教师写教案，恐怕会有部分教师偷懒，不认真备课，那课堂教学就没有质量保证。对于教学副校长提出的几点意见，林文智觉得这在学校里的确存在，自己的提议还需继续完善，务必要消除教学副校长的这些后顾之忧。

会议结束后，林文智找到几位中层干部，就教学副校长所担忧的问题进行讨论，最后结合学校的实际情况，大家提出了两个有效解决问题的方法：一是在教研活动中鼓励并组织教师经常交流教学心得，不断完善简案这种新型备课方式；二是采取经常听课的方式，对教师的课堂教学进行评价，并及时反馈。

经过几天的努力，林文智他们终于完成了对教案撰写方式的修改与完善工作。林文智认为这份充分且详细的教案创新方案能够消除教学副校长的顾虑，从而支持自己对教案撰写改革的做法。但事实出乎林文智的意料之外，教学副校长依然坚持自己的想法，不同意教案创新方案的实施。尽管如此，林文智并没有放弃他对教案创新的想法，他考虑到教案创新是属于教学方面的工作，一定要得到教学副校长的理解和支持才行。

于是，与教学副校长交谈完后，林文智又与正、副教导处主任一起继续探讨与完善教案创新方案，并通过问卷调查的形式，了解大家对于这一方案的认同度。经过调查发现，大家对这一方案的认同度竟然高达99％以上。数据是最有说服力的，因此，当林文智把调查的结果私下反馈给教学副校长时，教学副校长也就不再坚持自己的想法，同意了林文智的做法。

说到这里，我们请大家看一则故事：

有一天，动物园管理员发现袋鼠从笼子里跑出来了，经过开会讨论，大家一致认为是因为笼子的高度过低，所以袋鼠才能跑出来。于是他们决定将笼子的高度由原来的3米加高到5米。但是第二天，他们发现袋鼠还是跑到外面来了，于是他们决定再将笼子的高度加到8米。

没想到隔天居然又看到袋鼠跑到外面，管理员们大为紧张，于是决定一不做二不休，直接将笼子的高度加高到16米。

这天长颈鹿和几只袋鼠闲聊。

“你们看，这些人会不会再继续加高你们的笼子?”长颈鹿问。

“很难说，”袋鼠说，“如果他们再继续忘记关门的话!”

这个故事中的管理员们一而再再而三地没有解决袋鼠从笼子里跑出来的问题的原因，在于他们没有对袋鼠“出逃”的根本原因进行实地考察和调查研究，就按照他们的“想法”不断加高笼子的高度。殊不知，这样不仅不能从根本上解决问题，还浪费了大量的人力、物力和财力。

成功的管理者在遇到问题时，总是在实地考察、深入一线、取得第一手资料、了解问题产生的真正原因之后，再制订相应的解决措施，从而使管理富有成效。

研究箴言：成功的管理者在遇到问题时，往往总是在实地考察、深入一线、取得第一手资料、了解问题产生的真正原因之后，再制订相应的解决措施，从而使管理富有成效。

林文智所制订的教案创新方案之所以能够赢得广大教师的认同和支持，是因为他深入教学一线，在调查研究的基础上真正了解了教师的心理需求——觉得写书面教案费时费力，且作用不大；同时，他也及时反思自己的方案并及时修正。教案创新方案实施后，它不仅解决了教案检查形式化的问题，减轻了教师的负担，减少了无益劳动的时间，使教师有更多的时间和精力参与教研活动，在一定程度上降低了教师由于教学工作繁忙而没有时间进行教学研究的抱怨。同时也使包括教学副校长在内的广大干部、教师都对刚上任不久的林文智刮目相看，林文智在学校管理工作中的威信也逐渐树立起来。

策略三　结合校情，保证研究的实效性

课题研究要有实效性，它来源于我们的教学实际，也应用于我们的教学实际。在保证研究的实效性方面，林文智使用了两个招数。

第一招叫“纳谏如流，因校制宜”。我们通过林文智处理“展示课风波”这一事件来详细说明一下。

林文智刚上任不久，区教育局局长要亲自到校对学校第二期有效课堂的研究进行验收（即考察教师上课的情况）。这是林文智上任后第一次接待区教育局局长，对此他非常重视。

心理学上有一个名词叫“首因效应”。它指的是当人们第一次与某物或某人接触时会留下深刻印象，这一最先的印象会对人的知觉产生较强的影响，并且在头脑中形成并占据着主导地位，对其以后的行为活动有着重大影响。第一印象一经形成，就相当于给这个人贴上了一个标签，我们以后再看他的时候，就会有一定的倾向性。正如卡耐基所说，良好的第一印象是登堂入室的门票。因此，如果第一印象不好的话，想要改变，就要花很大的努力。这也是林文智如此重视这次区教育局局长来学校考察的根本原因。

本来，经过全校上下的努力，迎接检查的材料都已精心准备好，上课的人员也安排到位，但令林文智措手不及的是，当天还是出现了一个小小的“意外”：原本计划上语文展示课的刘老师突然找了个理由说不上课了，教导处主任知道情况后，便立即想尽办法做刘老师的思想工作，但不管怎么做工作，刘老师就是不肯上。无奈之下，教导处主任只好临时安排另外一位语文教师代替刘老师去上展示课。幸好这位语文教师是一位教学经验丰富的骨干教师，他上的展示课也非常成功，这个“意外”也就险险渡过。

林文智知道这件事情之后，非常生气，立即召开了紧急会议。一贯坚

持“表扬用喇叭，批评用电话”的林文智第一次在会议上点名批评了刘老师。然后，又就如何避免这类事情的再次发生征求与会教师的意见。会上，大家各自说出自己的意见和建议。

钟老师说：“如今的展示课只是逢场作戏，要么是经过精心准备、演练娴熟的‘保留节目’，要么是提供事先经过选择的‘节目单’，很难移植到日常教学实践中去，致使展示课缺乏实效性，教研活动流于形式。可以说，展示课对我们的日常教学没有任何帮助，我建议取消展示课。”钟老师说完，在场的大部分教师频频点头。

蒋老师对此提出了不同的意见，他说：“展示课虽然具有一定的表演性质，但它作为一项重要的教研活动，具有观摩借鉴意义，有一定的合理性，不宜取消。要想鼓励教师上展示课，可以给上展示课的教师相应的物质奖励，以此提高教师的主动性和积极性。”有些教师觉得蒋老师说得也有一定的道理，便纷纷把目光转向林文智，看他是否同意。

林文智想了想，说：“蒋老师提出的建议有一定的可行性，但是目前学校的经费紧张，没有这方面的条件。而且，就算真的实施了，一开始可能会有一定的成效，但久了之后，会加重教师的功利心，上展示课就是为了钱去的，而不是为了锻炼自己而去的，不利于教师专业的提高。”林文智说完，台下有些冷场。就在林文智打算让大家散会再去想对策时，刚从外地培训回来的苏老师说：“我建议在学校设立一个奖项——精诚协作奖，这个奖项强调团队合作的作用，反对‘自扫门前雪’的狭隘想法。比如，团队中如果有哪个人没有做好自己的本职工作而影响学校的正常教学，甚至给学校造成不良影响的，就要追究整个团队的责任，通过团队成员之间的约束力，避免成员犯错；如果整个团队做得好，就应给予相应的奖励。当然，轻物质，重精神。”

林文智听了，不禁面露喜色，点头称赞，说：“我觉得苏老师提出的做法不仅符合当前学校的实际情况，还能够有效解决上述问题，是一个非常不错的建议。”大家也纷纷点头。在得到与会全体教师同意后，林文智便采纳了苏老师的建议，在学校设置了“精诚协作奖”。此后，学校再也没有出现类似“展示课风波”的事情。

林文智事后总结，设置“精诚协作奖”的意义不仅仅是解决教师上展示课的问题，也是打造学科教研团队的问题。通过设立这个奖项，各科组成员增强了团队意识，大家互相促进、互相帮助，使彼此更加熟悉和了解，教师之间的关系也变得更加和谐了。

林文智使用的第二招叫“准确把脉，引领发展”。同样，我们来举一个典型的事例。

在大行其道的课改中，全区很多学校都在搞大统一的“人人都上最佳课”教研活动。教导处和语文科组都一致觉得也要开展“人人都上最佳课”教研活动，不能落在其他学校的后面，这样也可以让教师们参与进来得到锻炼。但是，林文智经过深思，认为要打造好一支优秀的教师团队，搞教研活动要讲究系统性、针对性和实效性。为此，他重点引领教师们扎实开展了以下几方面的工作：一是认真分析个人教学现状，寻找“短板”，整合教学实际问题——“准确把脉”；二是引导教师制订好个人发展规划——“目标引领”；三是分年级备课，开展“一课三磨二上”的观课议课活动——“且行且思”；四是知人善任，搭建发展平台——“任务驱动”；五是转变研修观，开展主题式的问题研讨——“问题引领”。如语文科备课组研讨主题“如何引导学生品读”“怎样落实语用训练”，从教学细节人手，采用多种形式的朗读，引导学生通过抓重点词句、展开想象等方法品读课文，体会语言文字的魅力，品味语言文字的无穷乐趣，同时又注重进行语言文字运用的训练，让学生在诵读中既理解课文，又习得方法，使学生的语文素养得到了有效的提高。在林文智的引领下，学校各科组展开系统的、有针对性的问题研讨活动，使教师们一次次突破自己，取得了明显的进步，收获了成功和喜悦。

策略四　努力创新，提高研究的质量

林文智从事科研多年，自然深谙创新是教育科研的灵魂的道理。在学校管理中，他一直致力于通过创新来提高研究的质量，实现学校突破性的进展，进而提升学校核心竞争力，而这也是林文智在担任校长短短几年之内就被推荐为名校长培养对象的根本原因。那么，林文智是如何通过创新来提高研究的质量，使自己能够在众多校长中脱颖而出的呢？

在揭晓答案之前，我们先来谈谈领导的类型。从创新的维度看，领导主要有三种类型。

第一种是战略型领导者，是指具有战略管理思想，善于战略思维，具有战略能力，掌握战略实施艺术，从事研究和制订战略决策，指导团队开拓未来的高层决策者。

第二种是变革型领导者，这种领导者鼓励下属为了团队的利益而超越自身利益，并能对下属产生深远且不同寻常的影响的管理者。

第三种是魅力型领导者，是指具有自信且信任下属，对下属有高度期望，有理想化的愿望，以及具有个性化风格的领导者。

林文智就属于第三种类型的领导者。在进行科研创新的过程中，林文智的基本策略是大胆放权，即放权让下属做事，并充分信任和全力支持下属所做之事。当然，这样做的前提是林文智已经深入教学一线，了解了下属所做之事。

大家在林文智的带领下，研究课题的热情高涨，科研氛围浓厚，成果斐然，为打造品牌学校奠定了坚实的基础。下面这个例子就充分说明这一点。

音乐教师小李是一个思想超前、敢想敢做、不甘于现状的人。他刚到学校任教时，就跟同事说：“虽然我所教的科目是副科，相对于语、数、外这三门主科来说处于弱势地位，但是我决不能理所当然地认为自己是弱势群体，过不思进取、无所事事的日子。要知道，作为副科教师，同样可以创造自己的精彩。现在，我有一个想法，一个月后，在学校举办首届校园文化艺术节，虽然时间短了点，但相信依靠大家的力量是完全可以完成的。因此，我希望能得到大家的支持和帮助。”教师小黄听了，不屑地说：“你这种想法根本就是异想天开。要知道，副科教师在学校里本来就没有多大的优势，要想在一个月内做成这事更是难上加难。我劝你还是打消掉这个不切实际的念头，安安分分地做好音乐教师的本职工作就行！”其他教师也应声附和，纷纷劝说小李打消这一念头。小李见没有一位同事支持自己的想法，依然没有放弃，而是下定决心自己动手筹办首届校园文化艺术节。

于是，小李自动请缨，请林文智让他去外省参加业务培训。在参加培训的那段时间里，他向一起学习的学员透露自己想在学校举办首届校园文化艺术节的想法，也没有得到大家的理解。他的同学这样说：“我就不相信你能在一个月内把这件事情做成，要真能成功，那简直就是奇迹了。”小李听了，尽管心里不舒服，但依然坚定地认为自己当初的想法并没有什么问题。

参加完培训回到学校后，小李将自己想在学校举办首届校园文化艺术节的想法向林文智和盘托出。林文智听了，不禁大声叫好，说：“其实一直以来我也有这样的想法，但是怕增加你们的工作量，所以就没有着手去做。既然你有这样的想法，我当然会全力支持你，你有什么需要的尽管跟我说好了！”小李见林文智如此支持自己的工作，非常兴奋，便滔滔不绝地向林文智讲述有关如何举办艺术节的事情。在这个过程中，林文智听到了一件让他颇感意外的事情。原来，小李在参加培训的那段时间里，自己做主在网上购买了上千元的材料，并提出要报销。这种先斩后奏的做法，明显是违反学校的相关规定的，但林文智当时什么也没说，痛快地同意给他报了。

说到这里，也许你会对林文智的行为感到疑惑，认为他做事太没原则了。其实，我们都明白，但凡要创新，就往往伴随着风险，伴随着失败。

当下属创造性地开展工作时，出现一些错误是一种正常的现象，可以理解。如果下属犯了错误就责怪，不能容忍下属出差错，这会在很大程度上抑制下属创新能力的发挥。试问，在这种情况下，还有谁敢创新呢？所以林文智没有责怪小李，从中可看出林文智的管理智慧。

研究箴言：创新往往伴随着风险，伴随着失败。当下属创造性地开展工作时，出现一些错误是一种正常的现象，可以理解。如果下属犯了错误就责怪，不能容忍下属出差错，这会在很大程度上抑制下属创新能力的发挥。

小李的想法得到林文智的肯定后，信心十足，除了平时上课之外，其他时间都花在了筹办艺术节的工作中。在整个过程中，都是小李自己一人在操办，自己买纸给学生作画、制作模具，组织文艺会演。而林文智则尽力满足小李提出的所有要求，不仅在财力、物力等方面全力支持他，还号召其他美术教师和德育教师全力配合他的工作。林文智之所以选择美术教师和德育教师配合小李，是因为相对于语、数、外这三门学科的教师来说，他们的工作量少一些。终于，功夫不负有心人，历时三个星期，在林文智的大力支持、小李的不懈努力和其他教师的帮助下，学校成功举办了首届校园文化艺术节。

在校园文化艺术节中，学生的个性和特长得以展示，学习的自信心和积极性也都有所提高。与此同时，教师也进一步了解了学生，认识到即使再差的学生也有自己的闪光点，所以不能简单地以分数来衡量学生，而要促进学生的个性发展。总之，首届校园文化艺术节的成功举办，收获颇丰，教师和学生好评如潮。

校园文化艺术节结束后，林文智立即组织召开了全体教师工作会议，除了总结经验，还大大表扬了小李举办校园文化艺术节的创新做法，号召大家多向小李学习。此外，林文智还鼓励小李以本届文化艺术节的举办为基础参加市第一届美术科研创新大赛，结果获得了第一名的好成绩。

心理学研究证明，当人的某种欲望得到满足时，他所表现出的积极性是最充分的。从此，小李更加潜心投入音乐教学和研究中，并积极参加“少儿歌舞”“民乐”等课程开发项目，在短短几年的时间里就获得了多项科研成果，这在其他学校是比较少见的。相应地，小李的表现也得到林文智的高度肯定，其职位得到不断提升，成为业界小有名气的人物。更重要的是，小李的成长经历恰恰证明了“副科教师不副”的道理，其意义是巨大的。林文智通过不断肯定和赞扬小李，以及提拔、重用他，在学校内营造了一个“没有创新就意味着危机、意味着失败”的氛围，激活了全体教师在科研方面的创新思维，培养了教师探索新知的主动性和积极性。

第三章

把握研究的三个维度

“不想当将军的士兵不是好士兵。”但实际上，并不是每个士兵都能够胜任将军一职，因为作为一名将军，需要具备很多素质。同样，当好领导也非易事，同在一个单位里，领导经常会遇到一些棘手的问题，此时，作为领导究竟该怎么做呢？

2013年，林文智从农村小学调到城市小学当校长，上任不久，学校的科研工作就遇到了如何把握课题研究的三个维度的难题。在解决这一难题的过程中，林文智展示出了高超的能力，为自己的职业生涯增添了一笔浓墨重彩。那么，在把握研究的三个维度上，林文智究竟做了哪些事情？我们又能从中得到怎样的启发呢？

有句格言说得好："良贾深藏才名虚，君子盛德貌若愚。"告诫我们，低调做人既是美德，也是完美的人生。文艺复兴时期，意大利著名画家、音乐家、数学家达·芬奇形象地对"低调做人"阐释道："微少的知识使人骄傲，丰富的知识使人谦逊。"印度诗人泰戈尔也曾说："果实的事业是尊贵的，花的事业是甜美的；但是让我做叶的事业吧，叶是谦逊地、专心地垂着绿荫的。"空心的禾秆高傲地举头向天，而充实的禾穗低头向着大地，向着它们的母亲。一个人要想实现自己的梦想，到达成功的彼岸，就必须学会低调做人。

低调做人是生存与发展的大智慧，是一生做人做事的准则，是制胜的法宝。在当今社会，我们可以看到，有的人事事要争第一，只要功成名就了，立马就会居功自傲，争名誉、争私利、争地位，处处显露锋芒。这样的人，往往自以为是，令人敬而远之。在信息社会，你只有保持平和的心态来待人处世，不为名利所动，不执迷于俗世，不随波逐流，踏踏实实做人，勤勤恳恳做事，真正做到了低调做人，才能让自己有思考、研究的时间，才能在低调中创造出高调的人生。

研究箴言：学会低调做人是生存与发展的大智慧，是一生做人做事的准则，是制胜的法宝。只有在低调中才能创造出高调的人生。

林文智作为一名研究型校长，自然深谙此道，而他也一直秉持着低调做人的工作作风。2013 年，林文智从一位不知名的农村学校教师一路摸爬滚打成为市区学校校长，并获得了"名校长"的称号。他并没有像有些人那样一上任就进行雷厉风行的改革，也没有觉得自己功成名就可以安逸享福了，而是潜下心来开始搞科研。在这个过程中，林文智遇到了一个难题，就是应如何把握课题研究的途径、方法以及形式这三个维度。

孟子说："天将降大任于斯人也，必先苦其心志，劳其筋骨，饿其体肤，空乏其身，行拂乱其所为。"生活处处充满困难，人只有经受过无数次困难的考验，才能成为强者。那么，在面对困难的时候，我们应该怎么做？当林文智遇到如何把握课题研究的三个维度这个困难时，是怎么思考的？他又采取了哪些不一样的做法呢？

策略一　确定课题的途径

教育研究本身就是一个不断提出问题和解决问题的过程，教研课题的确定，是开展教育研究的第一步，且是至关重要的一步，同时也是整个教育研究过程中最重要、最困难的任务之一。诚如英国科学家 J. D. 贝尔纳所言："课题的形成和选择，无论作为外部的经济技术要求，抑或作为科学本身的要求，都是研究工作中最复杂的一个阶段。一般来说，提出课题比解决课题更困难……所以评价和选择课题，便成了研究战略的起点。"选题决定着研究者现在和今后科研工作的主攻方向、目标和内容，课题确定是否得当，将直接关系到研究工作是否能够顺利开展。选得好，事半功倍；选得不好，则可能劳而无功。

所以，每一个教研工作人员（尤其是初涉教育研究领域的"新手"）都要充分认识确定课题的重要性，从实际出发，付出足够的时间和精力去认真选题。那么，究竟应该如何进行选题？正确选题的途径有哪些呢？对此，林文智结合自身的教研实践，给我们提供了以下几个正确确定教育科研课题的途径。

第一个途径是从教育的疑难中选取课题。

随着新课改的推进以及学生个体和群体变化的加剧，教育实践中的疑难问题层出不穷，教师几乎天天都能遇到。这就需要教育工作者独具慧眼，善于从习以为常的教育现象中选取研究课题。美国通用汽车公司管理顾问查尔斯·吉德林提出："把难题清清楚楚地写出来，便已经解决了一半，只有先认清问题，才能很好地解决问题。"这种观点在管理学上被称为"吉德林法则"。这一法则告诉我们，只有认清了问题，才能很好地解决问题。

为此，每天下班之前，林文智都会花时间与教师进行沟通，询问他们在教育教学中是否遇到一些难以解决的疑难问题，并认真思考教师所提出的问题，与大家一起探讨哪些方面的疑难问题可以提炼成有研究价值的课题。当我们发现工作中有必须要解决的难题或者遇到困惑又百思不得其解时，往往会有一种尽快“破解”的强烈愿望，如果能抓住问题不放，对“难题”与“困惑”进行分解并深究，便能找到一个恰当的突破口，可能这就是一个好的选题，在此基础上，还有可能生发出另外一些有研究价值的研究课题。例如，邓老师教一年级时就积极开展“小组合作学习”，使课堂教学组织形式得以丰富，课堂教学气氛得到很好营造，尝试初见成效。但随着时间的推移，邓老师发现了一些令人不满意的现象：合作学习中遇到意见分歧时，小组成员你说你的思路，我说我的见解，缺乏必要的倾听、讨论等合作技能，无法产生实际效果；部分学生依赖他人，坐享其成，或趁机偷懒，“游离”在课堂之外；很多学生易被他人同化，合作时“人云亦云”；等等。那么，应该如何加强指导，提高学生小组合作学习的有效性呢？林文智让邓老师有的放矢开展研究，于是，邓老师分别从教师和学生层面进行了问卷调查与个别访谈，进一步明确了教师在学生小组合作学习的分工、讨论、反馈、评价方面缺乏有效指导的具体问题，厘清了研究思路。至此，邓老师将课题确定为“小学低年级语文小组合作学习有效性的实践研究”。这样，邓老师就能抓住理念向课堂转化过程中的本质问题展开跟进式研究，找准了具有普适意义的课题。

第二个途径是从具体的教育教学场景中捕捉课题。

教育是学校的中心工作。一线教师一直身处教育的现场，在现场中感受教育与实践，而这也是他们与专业研究者之间最根本的区别。要知道，教育现场是教育问题的发源地，是问题产生的土壤，进入教育现场的教师对教育现场所做的任何真切而深入的分析，都有可能滋生大量的有待研究的问题。换句话说，大多数研究课题并不是来源于理论材料，而是来源于真实的教育实践，在具体的教育场景中往往蕴含了大量甚至是无穷无尽的有待研究的问题。

从事过多年教研工作的林文智是知道这一点的。因此，他经常深入教学一线，观摩教师的常态课，对教师的常态课进行点评，并询问教师在自己的课堂上还存在哪些有待解决的问题，和教师一起从问题中选择适合研究的课题。在这一过程中，林文智强调，要以独到的眼光从千变万化的教育信息中去粗取精、去伪存真、由此及彼、由表及里地挖掘和思考，找出本质性、规律性的东西，从而找到有价值并可行的研究课题，其实就是要求教师要有善于透过现象看本质的本领。

伯乐是善于识别千里马的大师。

一天，秦穆公对伯乐说："你的年纪大了，你的子孙中有可以派出去寻找千里马的人吗？"

伯乐说："一匹好马，可以从它的体形、外貌和骨架上看出来。而要找天下特殊的千里马，好像没有固定的标准，没法用言语来表达。像这样的马奔驰起来，脚步非常轻盈，蹄子不扬起灰尘，速度非常快，一闪而过，好像看不到其身影。我的子孙们虽然能够说出什么是好马，却不能识别什么是千里马。我有个打柴、卖菜的朋友叫九方皋，他相马的能力不在我之下。请让我把他推荐给您吧。"

穆公召见了九方皋，派他出去寻找千里马。三个月以后，九方皋回来报告说："已经找到了，在沙丘那个地方。"

穆公连忙问："是什么样的马？"

九方皋回答说："是黄色的母马。"

穆公派人去把马牵回来，却发现是黑色的公马。穆公很不高兴，把伯乐叫来说："糟糕透了！你推荐的找马的人，连马的颜色和雌雄都搞不清楚，又怎么能识别千里马呢？"

伯乐感慨地赞叹说："九方皋相马竟达到了这种地步，这正是他之所以比我高明千万倍的原因呀。他注重观察的是它的精神，而忽略了它的表象；注意它内在的品质，而忽视了它的颜色和雌雄；只看见了他所需要看的而忽视了他所不必看的；只观察到他所需要观察的而忽视了他所不必观察的。像他这样相出的马，才是比一般的好马更珍贵的千里马啊!”

于是，秦穆公叫人骑马一试，果然是天下少有的千里马。

九方皋相马的故事告诉我们，不管做任何事情，都要把客观辩证法运用于认识过程，既不能脱离现象凭空去认识事物的本质，也不能只停留在现象中，被表象所迷惑，而必须透过现象抓住事物的本质，这样才不至于在繁杂的现象中迷失本质。

研究箴言：不管做任何事情，都要把客观辩证法运用于认识过程，既不能脱离现象凭空去认识事物的本质，也不能只停留在现象中，被表象所迷惑，而必须透过现象抓住事物的本质，才不至于在繁杂的现象中迷失本质。

看过《地球上的星星》这部电影的人都知道，主人公伊翔的学习成绩总是提不高，无论怎么努力都不会认字、写字，其根本原因在于他有读写障碍。但他的父亲并不这么认为，只是觉得这一切都是伊翔自己不努力读书的结果，而伊翔所就读的学校的教师则认为是智力障碍的原因。不管是在以前就读的学校还是在新学校，伊翔的生活里都充满了指责、惩罚、嘲笑和否定。一个活泼、可爱的孩子，慢慢变得惊恐、苍白、麻木、安静……无论周围发生什么，他都无动于衷。他，成了一颗不说话的“星星”。那一双大大的眼睛曾经充满了色彩，如今颜色渐渐退去，只剩下了空洞灰暗。幸运的是，伊翔遇到了一位伟大的美术教师，他敏锐地发现了伊翔学习出现问题的症结所在，并用自己的爱心和耐心，一点点地帮助伊翔解决读写障碍所带来的问题，帮助他逐渐恢复信心。

在现实生活中，也有许多教师像伊翔的父亲和老师一样，认为学生不会学习或学习成绩总是无法提高的原因是学生自身不努力，只要学生肯努力，学习成绩自然会提高，因而觉得没有研究这个问题的必要，这样做的后果就是可能会错失研究课题产生的良机。当然，也不是所有的教育问题都能够成为研究课题。

为了解决这一问题，林文智以身作则，并要求教师养成在教育实践中撰写教学日志、教学反思的习惯，通过这种方式积累发现问题和处理问题的经验，形成对教育的独到见解和认识。教育经验是教育科研的原材料，正如达·芬奇所说：“在种种情况下，只有向经验求教，才可以从那里引出事物的一般规律。”此外，林文智还通过各种途径培养自身以及教师对教育问题的敏感性，不放过任何可以提出问题的细节和现象，力求透过现象看本质，从稍纵即逝的现象中捕捉课题，甚至在看似没有问题的地方发现问题。例如，教师经常遇到一些学生不完成作业的问题，林文智就引导教师顺着这个问题深入思考下去，与学生交谈，就能发现与之关联的教学上的一些深层次问题。学生“作业完成得不好”可能存在着学习情感、动机、能力等原因，也可能是教学过程中出现了漏洞，然后与教师确立了“生本教育理念下的小学生学习动力机制的研究”课题展开研究。这样一来，林文智所在的学校在开展科研工作时基本上没有出现过无法找到研究课题的问题。

第三种途径是从变换观察角度中引申出新课题。

有一则寓言故事是这样的：一个牧师正在准备演讲的稿子，他的小儿子却在一边吵闹不休。牧师无可奈何，便随手拿起一本旧杂志，把色彩鲜艳的插图——一幅世界地图，撕成碎片，丢在地上，说道：“约翰，如果你能拼好这张地图，我就给你 2 角 5 分钱。”

牧师以为这样会使约翰花费上午的大部分时间，但是没过 10 分钟，儿子又来敲他的房门。牧师看到约翰如此之快地拼好了一幅世界地图，感到十分惊奇：“孩子，你怎么这样快就拼好了地图？”

“啊……”小约翰说：“这很容易。在另一面有一个人的照片，我就把这个人的照片拼到一起，然后把它翻过来。我想如果这个人是正确的，那么，这个世界地图也就是正确的。”

牧师给了他的儿子 2 角 5 分钱，并笑着说：“你替我准备了明天演讲的题目：如果一个人是正确的，他的世界也会是正确的。”

这个故事给我们的启示是，如果你想改变你的世界，改变你的生活，首先就应该改变你观察或是看问题的角度。在工作和生活中，从一个既定的角度，只能看到问题的一个方面，而看不到问题的全部。所以，作为管理者应有故事中孩子的视角：在遇到困境时，不妨适当调整，改变一下自己观察和思考的角度。可以说，变换观察角度对选择教育研究课题具有重要的作用。

研究箴言：在遇到困境时，不妨适当调整，改变一下自己观察和思考的角度。

林文智深谙这个道理。因此，在教研工作中，他经常将一些司空见惯的老问题进行转换，并从新的视角加以审视，这样就能够推陈出新，开发出新的研究课题。如林文智所在学校的英语教师根据学生英语学习不好的现状，提出了“提高农村小学生英语成绩的研究”的课题，林文智觉得这个研究视角不新颖，而且没有突出什么原因引起学生学习英语困难，于是就指导教师把这个问题提炼为“农村小学生英语学习困难的成因与对策研究”。此外，当教师从某一方面思考一种现象或一个问题却始终无法解决时，林文智能引导教师从相反的角度来思考它，使教师在不经意间找到有价值的研究课题。而这些从教育、教学等角度选出来的课题，往往能给人以耳目一新的感觉。所以，教研工作者在面对问题时，要时不时地换一个角度重新审视一番，在变换观察角度的过程中引申出具有创新性的研究课题。

第四种途径是从研究过程中选择课题。

随着研究的不断推进，尤其是随着研究者的深入思考，常常会涌现出与当时研究课题相关的许多新课题。以林文智主持的“小学语文‘先学后导’自主学习模式的研究”这一课题为例，在研究过程中，林文智发现，要想培养小学生学习的主动性和积极性，就必须激发和培养小学生的学习动机，于是，便有了“小学生学习动机的激发与培养”这项课题。

此外，任何一种课题研究都不是一帆风顺的，在研究过程中，有时会有意想不到的情况或与研究问题无关的现象出现，这就是人们常说的机遇。一般情况下，这些偶然的发现都具有非常重要的价值，值得进一步研究。在科学研究中，有些偶然的发现，正因为它不在预料之中，也不属于旧的理论体系，所以往往可以成为科学研究的新起点，成为科学理论发展的先导。

在科学史上，因机遇引起新发明、新发现、新技术的例子有很多。例如，古希腊哲学家、数学家、物理学家阿基米德在一次洗澡时，发现自己从浴盆中站起来，浴盆中的水就下降，蹲下去，浴盆中的水就上升，这促使他发现了既不破坏金冠又能够检验金冠的真假的方法——测定固体在水中的排水量的方法。需要注意的是，研究过程中的偶然发现只是给研究者提供了一个线索，还需要研究者在此基础上追根问底，通过认真思考和分析，从中发展出具体的研究课题。

第五种途径是从课题指南中选择课题。

教育科研课题的另一个重要来源，是各级教育科研管理部门制订的“教育科研规划课题指南”。从国家教育部到各县级教育行政部门，一般每五年都要制订一个规划课题指南，提供多领域、多层次、多类型的科研系列课题，供各级各类学校及各教育科研部门选择申报。被列入课题指南中的课题，基本上出自教育专家之手，有较强的科学性、针对性和应用性，且符合教育管理部门的要求，从中选题容易受到重视，并获得研究经费的支持，所以从课题指南中选题，不失为一种“捷径”。

选择研究课题的途径还有很多，上面介绍的仅仅是教师在日常工作中操作较为方便和常见的五种途径。在选题时，教研工作者应根据学校和自身的实际情况衡量哪种途径适合自己。也就是说，在选题时，要充分考虑课题研究的主客观条件，如果选择的课题内容、大小和难易程度都非常适合研究者和学校的实际情况，且符合研究者的兴趣，那么，课题研究就能够顺利进行，成功的概率也比较大；反之，成功的概率就比较小，甚至没有成功的可能。人们常说：“题好一半文。”选题恰当，虽并不意味着研究一定能够获得成功，但至少预示着成功即将到来，它为研究的成功奠定坚实的基础。

另外，在选题时还应考虑所选择的课题本身是否具有理论价值和学术价值，只有这样，课题研究才会有意义，获得的成果也才会有价值。

作为一名教研工作者，如果你能做到以上这些，便把握了研究的三个维度中的第一个维度——正确选择研究课题的途径。接下来，我们来看看第二个维度——研究课题的方法。在这方面，林文智又有哪些高明的做法呢?

策略二　研究课题的方法

无论做什么事情，都有一定的方法。选择正确的方法不仅有助于解决问题，更重要的是可以节省时间、少走弯路、提高效率。因此，不管做任何事情，都要选择合适的方法。

林文智作为一名研究型校长，深知选择正确的研究方法的重要性。他认为，正确的科研方法意味着科研工作的高效率，唯有选择了正确的研究方法，才能达到预想的目的，取得良好的研究成果，这是取得研究成果的关键和前提。那么，究竟如何在教育研究中选择正确的研究方法呢?要解决这个问题，就必须先知道校本教研的常用方法有哪些。为此，林文智为我们展示了其所在学校日常教科研工作中常用的几种教育研究方法。

第一种方法是行动研究法。

行动研究是指在自然、真实的教育环境中，教师或研究人员按照一定的操作程序，边研究边行动，以解决实际问题为目的的一种科学研究方法，也可以简单地理解为在行动中研究，在研究中行动。它是解决教育研究中理论脱离实际问题的良好途径，也是校本教研中最常用的研究方法。这一研究方法往往应用于真实的教育情境，实施主体（参与研究者）往往是教师，教师既是行动者，也是研究者。其研究目的在于引导教师对自己的课堂教学进行研究，通过观察、分析、反思和研究，结合教育理论和教育实践，解决教育实践中的具体问题，从而不断改进自己的教学，改善教育情境，形成可持续发展的动力和能力。

而且，从行动研究法的定义来看，行动研究既是协同性研究，也是合作性研究，更是参与性研究，其中“参与”强调的是教师参与整个研究的全过程，在计划—行动—观察—反思的每一个阶段都有教师的声音。

第二种方法是调查研究法。

调查研究法是在科学的方法论和教育理论的指导下，运用问卷调查、访谈、观察等科学方式，有目的、有计划、系统地收集有关教育问题或教育现状的资料，从而获得关于教育现象的科学事实，形成关于教育现象的科学认识的一种研究方法。“没有调查研究就没有发言权。”调查研究法是人们发现问题、辨别真假、弄清事实真相的有力武器。

想必大家都知道“三人成虎”的典故。魏国大臣庞恭将要陪魏太子到赵国去做人质，临行前对魏王说：“现在有一个人说街市上出现了老虎，大王可相信?”魏王道：“我不相信。”庞恭说：“如果有第二个人说街市上出现了老虎，大王可相信吗?”魏王道：“我有些将信将疑了。”庞恭又说：“如果有第三个人说街市上出现了老虎，大王相信吗?”魏王道：“我当然会相信。”庞恭就说：“街市上不会有老虎，这是很明显的事，可是经过三个人一说，好像真的有老虎了。现在，赵国国都邯郸离魏国国都大梁比这里的街市远了许多，议论我的人又不止三个，希望大王明察才好。”魏王道：“我知道该怎么办。”于是庞恭告辞而去，但诽谤他的话很快传到魏王那里。后来庞恭陪太子回国，魏王果然没有再召见他。

这则寓言告诉人们，对人对事不能因为是多数人说的就轻信，而要多方面进行考察，并以事实为依据做出正确的判断。也就是说，判断一件事情的真伪，必须经过认真地调查研究，不能道听途说。“东张西望，道听途说，决然得不到什么完整的知识。”所以，调查研究法在研究过程中具有重要的价值，教研工作者应将这种研究方法作为开展校本教研工作的常用方法。

第三种方法是文献研究法。

任何创造性思维都不是靠凭空臆想而得出来的，它需要有一定的根基；任何新成就的取得也都不是从天而降的，它来自对前人成果的继承和发展，因此，对文献的查阅和研究就显得特别重要。站在巨人的肩膀上容易看得更高、更远。如果研究者在做某项研究前查阅并研究相关成果，在一定程度上就可以避免做重复性的研究，能够节省人力、物力和财力，还可以在研究方法和步骤，特别是研究思路上获得有益的启发，同时还可以发现前人、他人研究中存在的问题与不足，以避免自己犯同样的错误。

这就是人们在进行教育科研时，经常会用到的文献研究法。它是一种古老而又富有生命力的科学研究方法，没有一项教育科学研究是不需要查阅文献的。文献研究法也称情报研究、资料研究或文献调查，是指通过对文献资料的检索、搜集、鉴别、整理、分析，形成事实科学认识的方法。文献研究法所要解决的主要是如何在浩如烟海的文献资料中选取适用于课题的资料，并对这些资料做出恰当的分析，归纳出有关问题。所以，文献研究法不仅仅指资料收集，更加侧重对这些资料的分析。①

第四种方法是实验研究法。

实验研究法在校本教研中占有特殊的地位，是校本教研基本的研究方法之一。所谓实验研究法，是指“为了解决现实的教育问题，提出一定解答的假说（或理论构想），并加以科学论证，有计划地干预教育过程，对实验对象（学生）施以新的教育影响（包括创设条件、控制无关变量、操纵自变量）与实验结果（因变量）之间的因果依存关系，并就假说的验证（结论）和效果做出理论上和实践上的价值判断的一种综合性的教育研究方法”②。

由于教师的主要任务是教学，学校也缺乏特定的实验研究环境，所以

① 杜晓利．富有生命力的文献研究法［J］．上海教育科研，2013（10）．

② 张定璋．教育实验的历史考察和本质探讨［J］．华东师范大学学报（教育科学版），1991（4）．

实验研究法对一线教师来说操作起来有些难度，而且肯定不如专业人员从事的实验研究科学严密。尽管如此，学校还是可以在条件允许的情况下借助专家的帮助，让教师结合自身的课堂教学实际开展实验研究。

通过以上的阐述，我们已经对林文智常用的教育研究方法有了一定的了解。除此之外，林文智还进一步强调，开展校本教研的方法还有很多，并且每一种教研方法都有特定的研究目的、适用范围和优缺点，要想选择合适的研究方法，教研工作者除了要考虑学校的实际情况和教学环境以及硬件设施外，还必须考虑以下三个方面的因素。

第一，课题内容。课题内容是决定研究方法选择的一个很重要的因素。一般来说，学科内容不同，其研究方法也有很大的差别。第二，研究者状况。每一名教研工作者在教研能力和兴趣爱好方面都有一定的差异，因此，在选择研究方法时，还必须考虑这些因素，允许教师根据自己的兴趣爱好及需要选择适合自己的研究方法。第三，研究进度。在选择研究方法时还应考虑课题研究的进度。一般来说，在课题的准备阶段，需要掌握大量的资料，调查研究法是这一阶段采用最多的方法。而到课题实施阶段，由于研究方向已经确定，研究的目的是为了得出结论或论证自己的观点，因此这一阶段采用的研究方法除调查研究法外，还有可能是行动研究法、文献研究法或实验研究法等。

林文智还提出，研究方法只有综合运用，才有可能发挥最大的作用。他在 2011 年主持“构建‘四环二维’校本研修模式的实践与研究”课题时，就综合采用了上述几种方法进行研究，有效地解决了教育实践中遇到的疑难问题，这样研究出来的成果更具有理论意义和实用价值，从而使得这项课题获市“十二五”规划重点立项。林文智认为，教育是特别复杂的现象，单一的研究方法已经无法从根本上解决教育中的疑难问题，因而需要研究方法的综合运用。

虽然解决了选题和研究方法的问题，但教师参与教研活动的热情依然不高，面对这个问题，林文智又是如何解决的呢？

策略三　考虑课题的形式

在一次教研活动中，发生了一件很小的事情，却引发了林文智的思考。一天早晨，学校按照惯例进行校本教研活动，主要是在每个学科组内部开展，一位教师上课，组内其他教师听课、评课，大家轮流上课，每个教师都有机会。像往常一样，大家听评课之后，教研活动就算结束了。原本在英语教研组观摩英语教师听课、评课的林文智想了解其他学科教研组开展教研活动的情况，就从英语教研组办公室走到学校的走廊上。无意中，他听到一位教师抱怨："每次开展教研活动的形式都是听课、评课，没有一点新意，真烦，真不想参加了，要不是校长要求，我才不来呢!"旁边也有不少教师频频点头称是。说者无心，听者有意，那位教师的话让林文智思绪万千，便忘记了原本打算做的事情，回到了自己的办公室。

在校长办公室里，林文智不断地扪心自问，为什么那些教师对学校安排的教研活动如此不满意呢？是不是自己在这方面有不当之处？经过一番调查分析后，林文智发现，目前学校开展教研活动的形式主要是听课、评课，形式单一，内容呆板，很难激起教师参与教研活动的热情，这也正是那些教师对学校安排的教研活动有所不满的原因。

爱美之心，人皆有之。大家都喜欢美的事物，但是如果要你每天反复欣赏同一种美的事物，你也会产生审美疲劳，渐渐地会对它失去兴趣，甚至产生厌烦、厌倦的感觉。就好像你非常喜欢某一道菜，刚开始的时候你会觉得能够吃到这道菜是世界上最幸福的事情，但要让你天天吃，过不了多久，你就会觉得吃这道菜是非常痛苦的事情，于是便下定决心再也不吃这道菜了。同理，不管教研活动对教师多重要，如果学校总是用单一的形式开展，也很难激发教师的热情。

意识到这点，林文智认为在校本教研的过程中必须考虑形式的多样化和新颖性，否则就难以激发教师的热情。于是他决定改进开展校本教研活动的形式。为此，他做了如下尝试。

第一，学术沙龙。教师自愿参加，针对教学实际问题，自由发言。这种形式的教研活动能够让教师在活动中各抒己见，畅所欲言，敢于发表自己与众不同的观点和看法，让教师在敢想、敢说中引发思维的碰撞，在碰撞中点燃智慧的火花，从而找到解决问题的最佳方法，促进教师专业水平的提升。

第二，网络研究。将网络技术与校本教研相结合，积极开展教研活动。这是随着网络技术的发展而生的一种系统的、崭新的教研模式。林文智规定每个教师包括自己建立并开通博客，教师可以随时上传教学设计、课件、试卷、论文、案例，达到资源共享，同时也可以对别人的公开课进行评价。此外，林文智还在校内局域网内帮助教师建立了教师文件夹，每位教师都有一个研究包放在文件夹里，大家可以互相观摩学习。教研组的研究档案资料都放在里面，每次开展教研活动只要把材料直接放入即可，供教师们学习参考。如此，便突破了时间和空间的限制，扩大了教师交流的范围。利用网络进行校本教研，教研形式更加自由，教研内容也更加丰富。

第三，问题会诊。邀请上级教研员来学校听课，与教师座谈，对存在的问题进行诊断，从众多问题中梳理出有价值的课题加以研究。同时，林文智还鼓励教师主动向上级教研员或骨干教师咨询，邀请他们帮助自己诊断教学中的问题。教师也可请同事进行听课，集体会诊，发现教学中的问题，并找出解决问题的最佳途径。

其实，林文智所在学校的教研形式不止以上三种，还有课堂及时型教研活动、读书型教研活动、同课式教研活动等，在这里就不一一详细说明了。这样，除了听课、评课的教研形式外，林文智将多种不同的教研形式综合运用到教研工作中，实现了由单一的形式到多样的形式的转变，这种转变使教师不再被动地参加教研，而是以主人公的身份主动研究，密切合作，形成了一个研究共同体。在这个共同体内，教师参与教研工作的热情空前高涨，这不仅促进了教研工作的开展，也促进了教师的专业成长。

第四章

研究要练三个力

在教研管理工作中，问题无时不有，无处不在，一个问题解决了，又会出现新的甚至更棘手的问题。这时，如果作为学校的灵魂和核心的校长没有一定的研究力，就无法做出科学的分析和判断，也无法做出最有效和最合理的决策，当然也无法发挥管理资源的最大效益。那么，校长应如何修炼自身的研究力呢？林文智作为一名研究型校长，在教研工作中表现出很强的研究力，既获得了学校教师和上级领导的赞赏认可，又带领学校走向一个新的发展高度。那么，林文智在修炼研究力方面的特别之处究竟在哪里呢？

关于研究力的重要性，首先请大家看一则故事。有一家技术和能力都相当好的美国糖果公司，据说是世界糖果业二十大厂商之一。1990 年该公司计划将产品打入中国市场，为此他们首先进行了大量的市场基础调查。例如，中国各地的人口分布、年龄结构、消费规模、目标消费者、消费习惯，等等。通过研究他们发现，在中国做糖果生意很有前景，于是接着进行下一步的市场调查。在糖果口味方面，到底消费者的喜好是怎样的呢？后来，该公司在广州、上海、北京等地分别测试了五大类十种不同口味的糖果，让消费者给予评价。通过该项调查，他们选出了消费者最喜欢的三种口味，并安排生产。1991 年底，该公司将这三种口味的糖果投放到中国市场，市场反应相当好，销售额月月上升，该公司下一步的计划就是在中国投资设厂。

这家美国糖果公司之所以能够获得成功，是因为这家公司把市场调查研究工作做在前，而不是单凭感觉、经验办事。该公司对于怎样做市场显得有板有眼，信心十足，懂得使用科学的方法减少投资的风险，如此便使新产品在中国市场推广的效果非常好，从而成功地在中国开辟了新市场。

在管理学上有一句话，一个成功的管理者绝不是一个墨守成规的经验型管理者，而是一个懂得将自己的管理实践与研究融为一体的研究型管理者，是一个拥有超强研究力的人。

研究箴言：一个成功的管理者绝不是一个墨守成规的经验型管理者，而是一个懂得将自己的管理实践与研究融为一体的研究型管理者，是一个拥有超强研究力的人。

作为学校领导者、管理者、决策者的校长，一定要不断修炼和提升自身的研究力。很多校长都有这样错误的理解：自己从一般教师晋升至校长，已经积累了非常丰富的经验，解决教育管理中的问题已经绰绰有余。但事实上，教育是一个动态发展的过程，新问题层出不穷，校长经验再丰富，也有其不可避免的局限性，也不可能完全解决在教育管理中遇到的所有问题。因此，作为一校之长，千万不要仅凭经验办事，在解决某些问题、制订某些规划、出台某些制度时，除了经验上的考虑之外，还必须深入调查研究，避免瞎指挥，否则必定会贻误学校发展大计。

作为学校管理者的校长，应该注意非权力性影响力。所谓非权力性影响力，是指校长依靠自身的人格、品德、才学、学术成就等非权力因素对被领导者造成的影响力。美国成功心理学大师拿破仑·希尔博士说："真正的领导能力来自让人钦佩的人格。"如果校长没有人格魅力作为支撑，仅靠行政命令和强制手段指挥他人，管理效能就会大大降低并且不能持久，甚至有可能出乱子。

综上所述，我们特别强调，校长要不断修炼和提升自身的研究力，力争拥有话语权，这不仅能提高自身的影响力，还能大大提高管理效能。

林文智作为一名校长，是如何修炼自身的研究力的呢？总结起来，林文智在教研工作中之所以能够拥有很强的研究力，是因为他在平时的工作和生活中经常锻炼三个"力"——观察力、积累力和坚持力。

策略一　观察力，慧眼识"本质"

观察力对于一个人来说非常重要，敏锐的观察力可以使我们避免受表面现象的迷惑，从而真正地看到事物的本质和变化的趋势。在教研过程中，研究者要想理清教育研究问题的症结所在，首先就要运用观察力。

从事教育事业的人都知道，有关学生学习动力的问题是教育原点问题，也是三大教育难题之一。在学校发展的过程中，存在这样一个普遍的现象：年级越高，学生的学习动力就越低。这一问题的典型表现是学生越到高年级，上课积极举手回答问题的人数越少，甚至没有。当然，这一问题在林文智所在的学校里同样存在。为了有效解决这个问题，林文智开展了"生态教育理念下学生学习动力的研究"这一课题的研究。在开题之前，林文智咨询了中小学很多教师和大学教授、专家的意见和建议。在得到他们的一致认可之后，林文智便带领团队着手准备此项课题研究的相关事宜。

在开展研究时，林文智他们遇到了这样的困难：不知道该从哪些方面着手开展这项研究工作，也就是说，他们没有找到学生学习动力下降的根本原因。对此，林文智多次召开课题会议，对这一问题进行研讨，但都没有找到解决问题的最佳方法。为此，林文智感到非常苦恼，其他成员也是心有余而力不足。幸运的是，林文智在一次观察六年级英语教师李老师的课中，找到了这一问题产生的根本原因。

李老师是市骨干教师培训专家团队的成员。按理，她作为一名优秀教师，在课堂教学中应能取得不错的教学效果。但事实并非如此，在多次评比中，李老师所教学生的成绩都排在全镇倒数三名之内，班里大部分学生没有学习英语的欲望。知道这一结果后，林文智便找李老师交谈，询问其原因。李老师表示自己也不知道其中的缘由，有几次请其他教师来帮忙找原因，他们反而觉得李老师的课上得非常不错。林文智听了，决定亲自去观察李老师上课的情况。

一开始，林文智也觉得李老师上的课如其他教师所说那样——非常好，不仅形式多样，而且教学方法新颖，学生非常活跃，课堂学习氛围浓厚。然而，“外行看热闹，内行看门道。”林文智经过仔细观察，发现李老师的教学内容基本是面向学优生，提出的问题只要学优生说明白了，就不再顾及其他学生。这种教学方式给中等生和学困生造成很大的压力，因此，他们的学习只是忙于应付，毫无乐趣可言。长此以往，自然导致学生的成绩两极分化严重，平均分数很低，排名倒数就不奇怪了。

下课后，林文智向李老师道明了其课堂教学效果和教学质量不好的主要原因。在讨论过程中，林文智忽然灵光一闪，这不正是小学生学习动力下降的一个原因吗？除此之外，还会有其他原因吗？带着这样的疑问，林文智再次进入课堂观察学生和教师。通过三天的细致观察，林文智发现，影响学生学习动力的因素除了教学方式外，还有班级管理和家长对学生学习的关注度。

这样，林文智便找到了小学生学习动力下降的根本原因，从而确定了这一课题研究的方向：第一，改变教师的教学方式，树立“以生为本”的教学观念；第二，改进班级管理方式，将班主任的直接管理和学生的自我管理这两种方式有机结合起来；第三，利用家长资源，让家长主动配合教师，与教师的教育尽量同步、协调，提高家长对学生学习的关注度。明确了方向之后，课题研究的进度大大加快，在不到两年的时间内，这项课题就圆满结题，研究成果得到评委的一致认可和表扬，并在省级科研成果比赛中获得一等奖。

通过这件事情，我们可以发现林文智在教研工作中具有敏锐的观察力，能够通过慧眼识“本质”，发现问题的主要矛盾，找到解决问题的突破口，有效解决问题。但是，敏锐的观察力并不是与生俱来的，需要经过长时间的系统训练。那么，林文智是如何锻炼自己的观察力的呢？

第一，带着任务进行观察。有了明确的观察任务，你才知道自己需要观察什么、怎样观察、要达到什么目的，才能提高自己的注意力，做到有目的观察。目的性是观察力最显著的特点，进行有目的的观察才会对自己的观察提出要求，获得一定深度和广度的锻炼。反之，如果东张西望左顾右盼、漫无目的地观察，你的观察力就得不到提高。

第二，具备一定的基础。培养良好的观察力需要有一定的知识、经验和技能。俗话说：“谁知道得最多，谁就看得最多。”一位有经验的教师或教育专家，能从一堂普通的课中发现执教者的优缺点，并从中提炼出富有价值的课题，而一位“门外汉”往往就是看看热闹，得不到任何有价值的信息。可以说，培养良好的观察力是需要条件的，观察所需要的前提条件主要来自于平时多学习、多积累知识、经验和技能。

第三，多注重细节问题。说到细节观察，我们先来看一则小故事。有家招聘高级管理人才的公司对一群应聘者进行复试，尽管应聘者都很自信地回答了考官们的简单提问，可结果却都是没有被录用，只得失望地离去。这时，又一位应聘者到来，进到房间后，他看到屋内地毯上有一个纸团，地毯很干净，那个纸团显得很不协调。这位应聘者弯腰捡起了纸团，准备将它扔到纸篓里。这时考官发话了："您好，朋友，请看看您捡起的纸团吧！"这位应聘者满是疑惑地打开纸团，只见上面写着："热忱欢迎您到我们公司任职。"几年以后，这位捡纸团的应聘者成了这家著名大公司的总裁。这个故事告诉我们一个朴素的道理：成功也许只是因为很多微不足道的细节，然而把这些微不足道的细节都累加起来，就可能产生巨大的效益。

研究箴言：成功也许只是因为很多微不足道的细节，然而把这些微不足道的细节都累加起来，就可能产生巨大的效益。

同样地，观察者在观察事物时需要从细微处着手，观察你不清楚的细节，观察别人不易察觉的现象，如此，你才能找到隐藏在细节背后的事物发展的内在联系和本质规律。

林文智能够以独到的眼光对大量教育现象进行甄别分析、归纳概括，找出别人不易发现的东西，写出人人心中有而笔下无的科研成果来，主要得益于他强大的观察力。

培养良好的观察力需要积累一定的知识、经验和技能。因此，具备超强观察力的林文智自然不会忽略对自身积累力的锻炼。那么，林文智是如何锻炼自己的积累力的？他所采用的方法又是什么呢？

策略二　积累力，厚积方能薄发

知识和能力是一点一点积累起来的，要有求实的基础，要注意总结和巩固，用时才能得心应手。林文智曾遇到的一件事就恰好说明了这一点。

2012 年 5 月 12 日下午，林文智本来打算外出考察交流，忽然接到上级的一个紧急通知，说江苏省一所师范学院作为专门培训教师的机构，明天将组织某市 50 多名教师到林文智所在学校参观、学习和交流，要求林文智做一到两个小时的教研经验介绍，并带领所有与会者参观学校文化建设和班级文化建设，期间还要与与会者进行互动交流。当林文智接到这一通知时，感到非常愕然，同时也备感压力，因此一贯严格按照既定工作计划开展工作的林文智改变了当天下午的工作行程：立即中止了外出考察交流的活动，将全部注意力转移到如何准备这次教研经验报告上。也许你会觉得这种通知对于校长来说再正常不过，但为什么林文智会有如此异常的举动呢？其原因有二。

第一，时间紧迫。这项通知是5月12日下午才发的，第二天早上学习团就要来，因此，林文智只有一个晚上的时间着手准备这一重要报告。

第二，难度大。参加此次考察的人员都是省级骨干教师，个个都是非常厉害的人物，是一个“强强组合”的考察团。这次会议也是一个规格相当高的工作会议，要想给这些考察人员上课，并让其有所得，就必须在他们面前展示不一样的东西。这里会涉及心理学上的一个原则——“陌生化原则”。心理学指出，人们对外界的刺激有趋新、好奇的特点，而那些“完全确实的情境（无新奇、无惊奇、无挑战）是极少引起兴趣或维持兴趣的”。所以，新奇的东西才能唤起人们的兴趣，才能在新的视角、新的层面上发掘出自我本质力量的新的层次进而保持它，而“陌生化”正是化熟悉为新奇的利器。然而，要想在一个大家都熟悉的领域中开创出不一样的东西来，难度是非常大的，而且创新本身就是一件非常难的事情。

因此，林文智认为，要想使自己能够胜任强者的角色，在介绍学校教研经验的时候就必须做到理念创新，让与会者对教研的认识有一种耳目一新的感觉。否则，如果按照人们惯常的做法总结教研经验，就会使培训的效果大打折扣，让与会者失望，这样的话不仅丢自己的脸，还丢学校的脸，更严重的是丢市教委的脸。所以，林文智感觉压力很大，担心因为自己没有做好，给学校和市教委带来麻烦，于是就有了打退堂鼓的念头。但是后来他转念一想，这些教师千里迢迢到自己所在的学校参观考察，是对学校的肯定。上级将任务分配给自己，不仅是对自己工作能力的肯定，更是一个锻炼和展现自己的机会，同时也是提高学校的知名度，帮助学校获得发展的大好机会。

基于这方面的考虑，最终林文智毅然决然接受了这项任务。接下来便是紧张的准备工作，由于时间短暂，那天晚上林文智连晚饭都顾不上吃就全身心地投入这次经验介绍的准备中。花了一个晚上的时间，林文智便将自己教研工作的思想、理念、经验和做法提炼成文字，做成 PPT 展现出来，遇到难以提炼的或者考虑得不全面的地方，林文智便去查阅以前所做的读书笔记，从中得到启发，进而成功解决问题。就这样，林文智顺利完成了这个高规格大型会议的准备工作。在第二天的报告中，林文智深入浅出地将有关教研方面的新名词、新概念讲得活灵活现，博得台下所有教师阵阵掌声。大家听林文智的经验介绍，不仅是一种知识收获，更是一种精神享受。

获得大家的肯定，林文智既兴奋又激动，同时也深深地感受到，如果没有平时的积累，就不能将自己已有的经验、想法和做法在短时间内以大家喜闻乐见的方式展示出来。因此，成功需要积累，厚积方能薄发。

通过以上这件事情，我们可以看出，林文智是一个非常注重积累的人，也正是因为他在教研工作中有一定的积累，才能够在短时间内高效率、高质量地完成上级领导安排的任务。一个人，无论学历多高，经历多丰富，学识多渊博，在工作中总会遇到这样或那样的新情况、新矛盾、新问题，如果长期不去总结，不去积累知识，就很难跟上新形势，应对新变化。因此，我们在工作中要努力培养自己的积累意识，养成良好的积累习惯。在这方面，林文智做得非常好。那么，具体而言，他在教研工作中又是从哪些方面进行积累的呢？积累力主要包括两个方面，一个是积累知识，另一个是积累思想。

第一，积累知识。

“知识就是力量。”当知识的积累达到一定的程度，就会转化为个人成长的智慧。对教研工作者来说，注重从有关教研方面的书本中学习知识、扩大视野，是非常必要的。不过，还有很重要的一个方面，就是在教研工作中进行学习和积累，这也是非常关键的。只有做到经常从教研工作中不断积累知识，增长才干，才能不断增强自身的教研能力。

第二，积累思想。

思想是行动的先导，对行动具有指导作用。一个人要想在工作中出类拔萃，没有思想指导是很难达到的。为此，教研工作者就要多收集、多梳理、多分析、多归纳、多演绎，把零散的系统化、具体的抽象化、深奥的简单化，在不断的积累中产生灵感、顿悟和火花。

必须提到的是，林文智从担任教师开始，就立志当一名研究型教师。他为了提高自身的教育科研能力，尽量节省生活其他方面的开支，将每个月工资的一大部分用来购买教育杂志、著作或有关教研方面的书籍，并坚持每天阅读和做笔记，把自己当时的所思所想写下来。而且，他会把自己感兴趣的文章或与研究课题有关的报刊资料，分门别类地剪辑、粘贴在自制的剪贴本中。长期坚持下来，林文智写了大量的读书笔记，积累了几摞报刊剪贴本。

除此之外，林文智还在学校内建立了“书吧”，为教师购买有关教育方面的书籍，并定期开展读书经验交流会。在与教师交流的过程中，林文智秉承着“你有一种思想，我有一种思想，我们彼此交换，每人可拥有两种思想”的理念，认真听教师们的读书报告，从中汲取有益于自身教研能力提高的内容，并将其写在特定的笔记本上，方便日后利用。更重要的是，林文智还善于将自己的思想存档，每当结束一个课题、参加一个活动或培训之后，他都会写教育札记、教学后记、教学日记、教学随笔等，把所见所闻、所感所想，把痛苦的思考和智慧的闪现，都倾之于笔端或键盘，进行及时的总结和反思。通过这样不断的积累，林文智为自己耕耘教研积累了一笔宝贵的财富。可以看出，坚持不懈的“积累”之旅，使林文智在教研方面有了深厚的知识和思想积累。

天才在于积累，成功在于坚持。除了积累力之外，坚持力也是研究不可或缺的。那么，在教研工作中，林文智又是如何坚持的？我们从中能获得怎样的启发呢？

策略三 坚持力，获得成功的青睐

“骐骥一跃，不能十步；驽马十驾，功在不舍。”成功的秘诀不在于一蹴而就，而在于你是否能够持之以恒。心理学家萨勒曾做过这样一个有名的实验。他对一群 4 岁的孩子说：“桌上有一块糖，你可以吃，但是如果你能坚持 20 分钟不吃这块糖，等我买完东西回来后，我再给你一块糖，这样你就能得到两块糖；如果坚持不到我回来，就只能得到一块。”这对 4 岁的孩子来讲，很难选择——孩子都想得到两块糖，但又不想为此坚持 20 分钟；而要想马上把糖吃到嘴里，最终就只能吃到一块。

在这艰难的 20 分钟里，有些孩子抵制不了糖的诱惑，选择了吃掉那块糖；而另一些孩子选择了宁愿等 20 分钟得到两块糖。当然，选择了等待的孩子也很难控制自己的欲望，不少孩子只好把眼睛闭起来傻等，以防受到糖块的诱惑，或者用双臂抱头让自己不看糖，或唱歌跳舞，还有的孩子干脆躺下睡觉——就为了熬过这 20 分钟！

之后，研究人员对这群孩子进行了 12 年的跟踪观察，发现那些以坚韧的毅力获得两块糖的孩子，在上中学时表现出较强的适应能力、自信心和独立自主精神，他们有更强的自制能力，并且自我肯定，处理问题的能力强，也乐于接受挑战；而那些经不住糖果诱惑的孩子则往往屈服于压力而逃避挑战。在后来几十年的跟踪观察中，也证明那些有耐心等待吃两块糖果的孩子，事业上更容易获得成功。

实验证明，那些能够获得两块糖的孩子比起其他孩子来说具有更强的自我控制能力，换句话说，就是他们能够在没有外界监督的情况下，适当地控制、调节自己的行为，能够抑制冲动，抵制住诱惑，具有坚持不懈的精神，而这些正是保证目标实现的一种综合能力。它是自我意识的重要组成部分，是一个人走向成功的重要心理素质。

现代心理学把这叫作“延迟满足效应”。“延迟满足”就是指我们平常所说的忍耐，而忍耐的过程本身就是一个坚持的过程。想必大家都看过这样一幅漫画：有一个人在挖井，挖了很多口，总是在快挖到含水层的时候就放弃了。人生亦是如此。其实很多事情只要我们再忍耐一下，再坚持一下，就能换来柳暗花明，就能获得成功。

林文智在这一点上做得非常好，他知道要想在校本教研的道路上获得成功，就必须坚持研究。正如著名数学家华罗庚所说的，“做学问，做研究工作，必须持之以恒”。然而当下，学校有些教师搞教研似乎只是为了晋职称，一旦晋了职称，教研就基本停止了。这样做的后果，是教师无法更进一步地提高自身的教育能力和专业水平，而学校的教研工作也陷入“教而不研则浅”的境地。所以，搞教研一定要有坚持力。关于林文智在校本教研方面的坚持力，我们举一个典型的例子。

当林文智还在农村小学担任副校长时，他就提出了学校要发展，必须采取科研兴校的策略。为了践行这一策略，林文智便想在学校内开展一项课题研究，但是学校领导包括校长在内对此都持观望的态度。要知道，在学校里，如果没有校长的支持，很多工作都很难顺利开展。尽管如此，林文智仍没有放弃，依然坚持进行课题研究。

由于没有学校的支持，课题研究初期困难重重。没有科研时间和科研经费，没有专业的实验教师，实验班师资配备不够，实验教师缺乏培训的机会。面对这些问题，林文智的大学好友兼同行劝告林文智：“其实之前我也遇到过跟你一样的问题，一开始我也是按照自己的想法去开展教研工作，但实施一段时间后，发现没有学校的支持，一切努力都是枉然的。而且在农村，大多数教师教研意识薄弱，有些甚至不知道教研是干什么的，要想让教师一下子投入教研工作中，很难，所以，我劝你还是放弃吧！”

听了同学的话，林文智并没有动摇开展教研的决心，而是下定决心自己想方设法解决问题。没有教研活动经费，他便自掏腰包解决，并想尽办法节省开支；没有充足的教研活动时间，他便在放学后组织研究成员讨论、交流，并提出解决问题的方法和对策，总结经验教训，如果当时解决不了，便让大家回去思考。

但是，有些实验教师放学后要赶回家做事，无法参与讨论，林文智就在晚上给他们打电话，跟他们分享在课堂中的喜悦和收获，询问他们在教研过程中有没有遇到难以解决的问题，并给予建议。这样做的结果是林文智的电话费花得很多，但他并没有心疼，因为这种轻松沟通的方式不仅拉近了他与实验教师的距离，也让大家感受到林文智对这项工作的努力付出，所以大家进行教研都很积极、努力。其中有位数学教师的变化最大，这位教师是学体音出身，原来比较懒散，不爱教课，在林文智的带动下，他一改以往做事拖拉懒散的作风，只要是林文智安排的工作，他都马上去做，并尽力做到最好。

此外，林文智还经常在深夜与大家一起探讨、摸索教研的方法。经过一年的不懈努力，课题研究慢慢有了起色，实验班的平均成绩比非实验班的平均成绩高出 10 多分，这一结果让林文智感到非常欣慰。

三年后，这项课题研究顺利结题，取得了良好的效果，得到镇、区领导的高度认可和赞扬，并将其成功经验大力宣传和推广。而参与这项课题研究的许多教师也因此被评为市、省骨干教师，有的晋升为学校中层干部。林文智也因为课题研究的成功被任命为区一小校长。

通过这件事情我们就能看到，林文智在教研工作上有超强的研究毅力，无论遇到什么困难，他都能坚持到最后并完成它。而也正是因为林文智有这种坚持不懈的精神，才使得他在教研上能够取得重大的成就，进而获得成功的青睐。因此，做研究，锲而不舍的坚持力是必不可少的。

林文智到区一小担任校长之后，工作比以前更加繁忙，事事难以躬亲，但有一项工作他是必定“躬亲”的，那就是坚持参加学校的每项教研活动。有好几次，林文智因为太投入教研工作而忘记领导来学校调研，结果没少挨领导批评。

在一次教研活动中，林文智在办公室内正与大家就班主任管理创新的问题进行激烈的研讨，一位领导接连打了 6 次电话给林文智，但都被林文智拒接了。原来，市卫生检查团 10 多人来学校检查灭蚊工作，要求林文智出来迎接，久不见他来，就连续打了几个电话。检查人员在学校周围转了好几圈，仍未见林文智出来迎接检查，很生气，说要给林文智学校的卫生检查打不及格，然后上车准备离开。正在这个时候，教研活动结束了，林文智才想起卫生检查一事，于是急急忙忙跑出来，向检查团说明未能及时迎接检查的原因。

尽管林文智在这方面有所疏忽，但是他带领大家坚持进行教研活动，使学校整体教研水平不断提升，并获得了诸多荣誉，林文智也被评为市名校长，并担任市名校长工作室主持人。

回过头来想一想，正是因为林文智的坚持，才取得了这样的成绩，他也因此成为众人皆知的名校长。每个人的成功之路都不可能一帆风顺，当我们遇到困难的时候，坚持就是胜利。

研究箴言：每个人的成功之路都不可能一帆风顺，当我们遇到困难的时候，坚持就是胜利。

林文智有一点值得我们每个人学习，就是不管遇到怎样的困难和挫折，都不轻言放弃。

在教研管理工作中，林文智遇到的棘手问题不少，但是他凭借卓越的研究力，最终解决了问题。当然，林文智卓越的研究力不是天赐的，而是长期修炼的结果。他从观察力、积累力和坚持力三个层面有效地修炼了自己的研究力。但是，作为一名研究型校长，要想打造一个研究型团队，光靠自己具备卓越的研究力还不行，还必须培养团队成员——教师的研究力。那么，林文智是如何培养教师的研究力的呢？在培养的过程中，林文智最看重的是什么？

第五章

研究型管理有窍门

有人说：“课改成在教师，败在管理。”可见管理的重要性。管理也是生产力，科学的管理能充分调动大家的主动性和积极性，从而达到团队和谐、团结和工作高效的目的。因此，作为一名研究型校长，必须十分重视研究型管理的策略，提高管理效果。在这方面，林文智就做得很好，在几十年的职业生涯中，他一直精心培养教师的研究力，为学校打造了一支高素质的研究型教师队伍，撑起了校本教研的一片蓝天，使学校迈上一个新的台阶，开创了新的局面。那么，林文智在开展研究型管理工作方面究竟有什么诀窍？我们又能从中获得怎样的启发呢？

有句老话说得好："群龙无首，难成气候。"要管理好团队，关键要有一名优秀的管理者，就像优秀的交响乐队需要一名出色的指挥，才能使单个乐器融合为一幕精彩的音乐表演一样。学校的研究型团队管理也需要一名出色的研究型校长，通过校长的引领和决策，培养一批有研究能力的教师，打造一支优秀的研究型队伍。从林文智的管理过程中我们可以发现，他不是盲目、被动地管理学校，而是有目的、有针对性地使用窍门来管理学校。

策略一　知人善用，锤炼队伍

林文智认为，对于校长这个特殊的社会组织的管理者而言，不仅要不断提高应对复杂局面的能力，更要讲究管理技巧，要善于结合实际创造性地开展工作，不断提高管理研究型队伍的能力。学校的生存与发展必须面向社会和未来，随着时代的发展，学校面临着越来越多的挑战。因此，研究型校长必须具有战略管理能力，以明确的发展方向和高效的管理团队来形成自己的办学风格，从而推动学校的发展。在这个过程中，研究型校长还要给予教师足够的信任和器重，为教师研究能力的提升提供平台和机会。

研究能力单靠埋头苦读、纸上谈兵能培养出来吗？不能。只局限于自己的课堂，像井底之蛙一样能锻炼出来吗？也不能。所有研究能力的培养，都离不开理论与实践相结合，要在实战中才能得到提升。林文智总是努力为大家争取表现的机会，鼓励并全力支持每一个有能力的教师发展、成长。有校长作为坚强的后盾，教师的干劲才足、底气才够。管理者只有让团队成员有"英雄有用武之地"的归属感，才能激发大家的创造力，否则必然会打击团队的士气与信心，管理者的工作也会陷入低谷。

研究箴言：管理者只有让团队成员有"英雄有用武之地"的归属感，才能激发大家的创造力。

我国传统文化认为，在管理团队的过程中，管理者必须知人善用，善于发掘下属的潜力。如果下属得不到表现和提升的机会，将导致他颓靡不振，甚至会削弱整个团队的战斗力，这个团队的管理者就是不合格的。林文智在这方面做得很好，尽到了一个校长的责任，给有潜力的教师提供了历练的平台和成长的空间。

2013 年 3 月，林文智所在的学校应邀参加市教研专家选拔赛。在选派教师时，为了公平起见，林文智采取民主推荐的办法，经大家投票选出了陈老师和李老师两位骨干教师参赛。但是，林文智考虑再三，觉得沈老师的实力也不弱，也应该有一个锻炼的机会，于是提出让沈老师跟陈老师、李老师一同前往市里参赛。但是有不少教师觉得沈老师是从乡村学校调过来的，心里颇不服气。林文智为了让大家心服口服，决定让全体教师进行一次集体赛课，再挑选出分数最高的三名教师去市里参加选拔赛。

很多人认为林文智这样做有些多余，不是已经投票了吗？为什么还要举行集体赛课？其实林文智这样做只是想通过赛课一决高下，一来是让大家体验一下竞争的激烈，从而燃起奋勇当先的热情；二来是让沈老师借助这次赛课充分发挥自己的能力，证明一下自己。

由于这次赛课是即时赛课，仅有一个晚上的时间进行准备，所以非常考验教师的综合教学能力。但是据林文智的长期观察与综合考核，他信心满满：沈老师专业基础扎实，教学技能娴熟，无论是在授课方面，还是在教研方面都没有问题。

这次赛课，沈老师果然没让林文智失望，她的赛课内容新颖，切入点把握得相当不错。三轮比赛下来，她的总成绩居然比陈老师和李老师还高，这让大家对她刮目相看，也让林文智心里踏实了不少。最后不出林文智所料，沈老师在选拔赛中一举拿下了市专家成员名额，成为小学教育专家组的成员之一。

林文智在培养教师、管理团队时有自己的窍门。他特别注重对症下药、因人而异，而且不论在任何时候，都不忘抓住机会给教师提供锻炼自我、提升自我的平台。同时，他还特别注重培养教师的研究能力，而不是只注重文凭、证书以及过往的荣誉。林文智认为，在培养教师研究能力的过程中有两个关键词：信任、器重。一个管理者若不能给予团队成员以信任与器重，就难以给他们提供表现与磨炼的机会，也谈不上让成员有归属感，更谈不上打造一支有凝聚力的研究型团队。只有给予教师足够的信任与器重，才能让教师竭尽全力地推进团队的发展，这就是我们常说的“士为知己者死”。真正的研究型教师、研究型团队，必须要有过硬的研究能力，才能进行教研实践；如果不管教师是否具有研究能力就“赶鸭子上架”，那么这样的管理无疑是失败的。

其实，团队中缺乏的并不是人才，而是对人才的信任与器重。没有信任，没有器重，就不可能让人才为你放手拼搏，就不可能让团队成员奋发进取。管理者很多时候能正确认识和处理各种团队矛盾，也善于协调不同利益关系和克服各种困难，但就是不能给团队成员充分的信任与器重，从而导致团队向心力不够，研究效率自然也就低了。所以，器重与信任是管理的灵魂，是每个管理者都不应忽略的管理策略，是每个团队凝聚向心力不可或缺的因素之一。

研究箴言：团队中缺的并不是人才，而是对人才的信任与器重。没有信任，没有器重，就不可能让人才为你放手拼搏，就不可能让团队成员奋发进取。

有一些管理者害怕不优秀的教师丢了自己的脸面、砸了自己学校的招牌，就让某些优秀教师占用了所有表现的机会，以确保万无一失。但这样做，必然会引起团队内部分成员的不满，产生内部矛盾，使团队力量削弱。林文智深谙其中的道理，所以他对他的下属充分信任、器重，使大家的研究能力大大增强。

《三国演义》中，赵云本来在公孙瓒手下做事，公孙瓒自己就是庸才，也不懂给赵云搭建发挥他能力的平台，所以，赵云在公孙瓒处毫无出色表现。幸好他后来遇到了刘备，刘备对其甚是信任与器重，使赵云有了展现自己的平台，之后他干成了多件大事。

第一件事是当阳长坂坡恶战，赵云几进几出，杀得曹军闻风丧胆，保护幼主刘禅和甘夫人安全脱险，显示了他过人的作战能力。

第二件事是孙权趁着刘备出西川，就派船接妹妹回家，孙夫人想把刘禅带回吴国，多亏赵云与张飞联手带兵拦截，才把刘禅带回蜀国。

第三件事是曹操的运粮队经过北山，黄忠想劫粮，但一去便无音讯。赵云不放心，就领着十几个骑兵出去探风，结果赶上曹操的大部队，被一路追杀。刘备听说后，第二天就赶来慰问赵云，视察战况，并夸赵云一身是胆。

通过以上几个事例我们可以看到，作为领导的刘备信任、重用赵云，给予赵云机会上战场，当赵云受到挫折时，又及时地安抚慰问，充分说明一名领导对下属的信任、器重以及关心；而赵云作为下属也能在事关刘备身家性命的关键时刻挺身而出。所以说，对于有才能的人，你要让他去经历风雨，他才会感激你；让他待在温室里，他反而不想为你出力。就像你把狮子困在笼子里，它只会消沉，而不会奋发。刘备当上汉中王后，让赵云任翊军将军之位，统领八十万禁军；还让赵云坐镇江州，其地北接阆中，东连荆湘，西靠川西，南看云贵，是战略要地。由此可见刘备对赵云的重视与信任。

一个成功的管理者不仅要自己有能力，更要能信任和容纳有能力之人。林文智是从基层走向高层的人，深知领导的器重与信任对下属的激励作用。在林文智的带领下，大家都获得了快速的成长。除了重视培养教师的研究能力之外，林文智还有哪些管理窍门值得大家学习？

策略二　明确方向，坚定目标

当今，基础教育已经到了发展的十字路口，到了必须重视战略管理的时代，这对校长的战略管理能力提出了更高的要求。

校长必须拥有宽广的国际视野，能够把握时代发展的脉搏，善于进行团队战略管理，不断提高科学判断力。作为研究型校长，还必须转变“走一步看一步”的传统思维方式和做法，必须能“运筹于帷幄之中，决胜于千里之外”，必须能“瞻前顾后，左顾右盼”。这里的“瞻前”是指把握方向，放眼未来；“顾后”是指总结经验，坚定目标；“左顾”是指向同行、兄弟学校学习；“右盼”是指迎接挑战，知难而上。唯有如此，教研才能获得源源不断的动力，才能始终沿着正确的轨道前进。

林文智在进行研究型管理的过程中深刻地认识到，现代学校承担的社会责任越来越大，自己身上的责任也越来越重，随着竞争越来越大，学校的生存与发展环境正在发生或已经发生了复杂而深刻的变化，因此，要求校长必须整合资源，加强资源利用，提升团队的实力。

校长是学校的最高管理者，是处理和解决各种矛盾的重要桥梁和纽带，是学校发展的掌舵手，所以必须有坚定的目标，必须能够把握前进的方向。林文智作为学校教研工作的领航人，在确定目标、把握方向上做得是相当出色的。其实，与其说这是他作为校长的一种能力，不如说这是他内在的一种品质。在他还是一名普通教师时，他就给自己树立了坚定的目标，并为之做出锲而不舍的努力。我们来看下面两个事例。

第一件事发生在林文智在农村当教师的时候。那时，许多人一门心思想从农村“跳到”城市，林文智却在农村默默地工作着。他热爱教育事业，有崇高的教育理想，并无时无刻不在践行自己教书育人的承诺。

作为一名青年教师，林文智身上有一股踏实沉稳的气质，奉行少说话、多做事的原则。他清楚地认识到自己肩上的责任，总是全心全意地投入工作中。在他看来，为学校与学生办实事自己责无旁贷。后来，林文智偶然接触到校本教研这一新生事物，激起了他的好学之心。经过几年的学习和研究，他认识到校本教研是学校发展的必然趋势，于是着手准备校本教研所需的材料与条件。

为了让自己的工作更加有计划性、条理性和目的性，林文智的前期工作就是规划自己的目标。

第一步，他先将校本教研的目标逐条写下来。他认为唯有写下来，才能将自己的想法具体地表述出来，同时可以在潜意识里告诉自己："不能逃避自己对目标的承诺，要永远坚定地走在校本教研的探索之路上。"

第二步，列出自己要达成这个目标的充分理由。明确地、扼要地、肯定地写下自己实现这个目标的真正理由，每做一个课题、每实行一条策略，都要问自己："我为什么要选择校本教研这条路？我有没有能力去完成它？如果没有，我该如何提升自我？如何打造自己的团队？"

第三步，将大目标切割成若干个小目标，并张贴出来，请大家监督。

第四步，给自己的目标设定一个期限。审视自己所写的目标并细化实现目标的步骤，设定好期望达到目标的期限。有实现期限的目标才可以称之为目标，没有实现期限的目标只能叫梦想。

万事开头难。林文智刚开始进行校本教研时，极少有人看好他，认为他根本不可能坚持下来。一开始确实如此，他发现单凭个人的力量的确难以完成教研任务，所以必须组建自己的研究团队。接下来的几年间，他跟一些志趣相投的同事共同探讨校本教研，组建了研究团队，但因为没有任何经验，他的第一个课题研究成果并不理想。对此，林文智并没有气馁，只是说："和每一个刚探入这扇门的人一样，我们也在寻找一条适合我们的路，我们坚信自己会找到，也坚信自己能坚定目标，一直走下去。"而后，他又和自己的团队鼓起干劲投入到校本教研中去了。

凭借一股不服输的劲头，林文智的研究团队日益优秀，完成了越来越多的课题研究。他把自己宝贵的教研经验毫无保留地与大家分享，与大家并肩作战。在团队的同心协力下，他更加坚定了走校本教研的研究与探索之路。

"机会总是特别眷顾有准备的人。"由于他对自己的目标有着坚定的信念，所以他和他的团队愈挫愈勇，最终获得了"市优秀教研组"的称号。2009 年，他被提拔为教导处主任，手中有了一定的资源，也更加坚定了自己的教研目标。后来有人问他当时为什么能够坚持下来，他这样回答："其实每个人都有想放弃的时候，我也有；但是我不甘心，我知道自己的方向是正确的，就不想放弃。”

第二件事发生在林文智当教导处主任之后。林文智非常关注时事政策，特别是教育改革政策，他认为这对于确立正确的教研方向有极大的作用。此外，他对许多卓越的教育管理者做了研究，发现他们都有一个突出特征，就是知道工作的方向，既有目标，也有行动；既知道自己要做什么，也知道应该怎样去做。很多人之所以失败，是因为没有目标，像一艘没有舵的船一样，最终搁浅在绝望、失败、消沉的海滩上。因此，管理者首先要学会树立合适的目标，有坚定的信念，并且坚持不懈地为之奋斗。

但是很多人对他的想法不屑一顾，认为他只是一个小小的农村学校的教导处主任，成不了什么气候。然而，这无法动摇林文智的决心。他想，既然大家只认成果，那么我就加倍努力，拿出成果来！上天总是眷顾不服输的人，林文智的研究团队经过非同一般的努力，取得的成果越来越多，并且走出了校园，走进了更多人的视野，林文智的名字也越来越响亮。这让曾向他泼冷水的人刮目相看，很多外校的教师还专门来找他跟他学习经验。林文智的研究团队引起了区教育局的关注，专门拨给他研究经费，支持他们团队做研究。

成功往往能够坚定一个人继续努力的信心，也有可能导致一个人的过度膨胀。林文智没有被成功冲昏头脑，他知道得到大部分人的认可只是成为优秀管理者的第一步，还有第二步、第三步以至更多步需要他坚定地走下去。

第二步，林文智开始研究高级职业人如何高效管理他的团队，并把相关经验应用到管理过程中。有句话说，相信数以万计的人们都具备成为业界领袖所需的品质，但是他们没有发现通向成功的道路，因而只能平庸无为。林文智深知自己的管理能力需要加强，所以不管什么时候，他都不忘研究如何管理学校。

林文智一直坚信，坚持不懈地努力一定能获得回报。“做事情要先认准方向，然后动脑筋想策略，最后就是锲而不舍地坚持。如果我放弃了，前面的付出就白费了。”他的努力和坚持，终于赢得了别人的赞赏，也赢得了团队的支持，从而为他开展教研管理打下了良好的基础。

通过这两件事情，林文智既获得了上级的认可，也得到了教师的支持。他以自己的坚定和坚持，一步一步从普通教师成长为优秀教师，再成长为一校之长，在这个过程中，他从未放弃自己对教育事业的热爱、对教研工作的追求。成为校长之后，他开展教研工作更为顺手，也更为热切了。他提出做好校长需要具备八大能力：统筹全局能力、综合规划能力、合理定位能力、社交外联能力、自我提升能力、前瞻预测能力、独立思考能力和自主选择能力。形成这些能力离不开对教育科学的基本理论的把握，离不开对教育的核心内涵的深刻理解。研究型校长要有渊博的专业知识、深厚的人文功底和博大的胸怀，还要掌握教育发展的规律。林文智正是因为不断增强着自己的这些能力，才能把握校本教研的方向，朝着自己的目标坚定不移地前进。

现在的林文智已经是经验丰富、有着一套独特管理方法的管理者了，但他还是一如既往地坚持“高调做事，低调做人”的原则。他认为，放低自己的位置，放宽自己的心态，才能看得更远、更透，待人接物更纯粹。要敢于把自己的工作放到台面上来谈，才能听到更多逆耳的忠言，以便随时警醒自己。他强调，没有目标，没有方向，就谈不上管理，谈不上研究；做事不能急功近利，不能只求结果，要好好把握过程；一定要有目标，但也不能忘记初心，要时不时回头看看自己走过的路，及时调整完善。

研究箴言：放低自己的位置，放宽自己的心态，才能看得更远、更透，待人接物更纯粹。要敢于把自己的工作放到台面上来谈，才能听到更多逆耳的忠言，以便随时警醒自己。

有些人认为，个人成长靠自己，自己不努力就什么都干不成。内因确实是决定一个人成长的关键因素，但是榜样影响、外因引导也是必不可少的。那么，林文智当校长后，是如何做到率先垂范、潜心导航的呢？这对于团队的成长又有何作用呢？

策略三 率先垂范，潜心导航

大家都说：“身教重于言传。”“喊破嗓子不如做出样子。”校长管理学校，除了要有语言的鼓动之外，还要有行为的示范。日本有位学者说：“校长是教师的教师。”在我国也流行这样的说法：“有什么样的校长，就有什么样的学校。一个学校的校风如何，就看这个学校校长的作风如何。”上述说法道出一个真理：校长的言行举止在学校管理过程中起着举足轻重的作用。因此，校长必须在教育工作中率先垂范。

林文智刚调到市区当校长时，他要面对的是新环境、新团队和新关系。他深深明白，不管以前自己有多么优秀，那都是过去，自己现在要做的第一件事就是身先士卒，做好典范，树立自己的威信。

刚上任不久，林文智就知道黄老师、王老师这两位刚调来的教师在多方打听自己，因为他们对校本教研也非常感兴趣，想和林文智一起做研究。但是，他们由于知识储备不足，又完全没有教研经验，完全找不到头绪。林文智决定抓住这个契机，发挥自己的示范作用。

为了培养黄老师、王老师两人的研究能力，林文智手把手教他们选课题、做方案、搞研究。一开始，黄老师学得不好，林文智也不灰心，非常耐心给他提出修改意见，还亲自陪他挑灯夜战。有一次，他们为了修改课题申报书，连续三个晚上工作到凌晨 2 点，林文智白天还得处理大量事务，非常累，但是他对此没有任何怨言。就连出差在外，林文智也不忘给黄老师打电话指点。林文智还积极向专家推荐黄老师，为他搭建展示自我的平台。黄老师第一次在市教研会议上发言时非常紧张，表现得不是很好，林文智就带他参加更高级别的教研会议，并和他共同总结经验、教训，帮助黄老师形成强大的心理素质。

王老师进步也很快，但是不善于在公众面前表现自己。林文智就先让她在学校“出风头”，再派她外出考察学习。渐渐地，王老师变得有胆量、有信心在公众面前展示自己了。

林文智的率先垂范让他在众多同事中树立了威信，也为他的管理工作铺平了道路。

校长的率先垂范指的是校长在学校工作中严于律己，用自己的行动给师生做出表率、树立榜样，形成“领导作风促进教风，教风推动学风”的正能量的连锁反应。师者，为人之师表也。教师是学生的“师表”，校长则是教师和学生的“师表”。身为校长，就要时时刻刻严于律己、宽以待人，事事处处都起表率作用，尤其要在以下五个方面做出表率。

一是道德的表率。有句话说，知识永远弥补不了道德的缺陷。作为一位校长，你如果没有良好的人品，就算知识再渊博、能力再强，也没有人愿意长期与你共事，更谈不上支持与佩服你了。

二是创新的表率。创新既是教研的核心，也是学校发展的途径，校长只有敢于带头冲锋，敢于闯出新路，教师才会心悦诚服地拥护，才能迸发出积极向上的内驱力和同化力，形成向心力。

三是行动的表率。校长对待工作，从态度到作风，从时间到效率，从数量到质量，从方法到手段，从计划到总结，都要干净利落，说一不二，不拖延，不推卸，在执行力上给教师做出榜样。

四是奉献的表率。校长是一校之长，这个角色要求校长的品德、才能、学识、专业水平都应该优于教师。校长不能把自己等同于一般教师，不能降低对自己的要求，要时时处处做教师的表率，时刻意识到自己是团队的“领头羊”，要心有学校、心有教师、身体力行，认真履行校长的工作职责。在教研管理工作中，林文智经常与大家一起讨论教研工作，分享教研经验，反复帮大家修改论文，如果论文发表，作者署名都是别人，他从不把自己的名字写上去。

五是心理的表率。校长承载着来自学生、教师、家长、社会等多方面的压力，其中的酸甜苦辣只有自己才知道。林文智也不例外，有家长投诉过他，有教师抱怨过他，有上级责怪过他……尽管如此，他仍一直坚持这样的做事原则：不把坏情绪带到第二天。第二天，他都会像没发生过不愉快的事情一样迈着轻快的脚步走进学校。

当校长难，当一名优秀的研究型校长更难。虽然率先垂范是时代对校长的要求，但是也不能急于求成。率先垂范不是一朝一夕的事，校长必须不断地锻炼自己，在品德、管理、学识、心理等方面不断加强自我修养，力求起到最好的示范作用。只有平时注意积累、提高，校长才能在潜移默化中影响教师、引领教师，进而建设一个团结而有力量的教研团体。

有一次，区教育局局长来林文智所在的学校视察工作，并点名要听黄老师的课。但是由于当天的事情比较多，中途又有家长突然来访，林文智居然忘记了要去听课。王老师陪着局长在办公室等了很久也不见他，甚是着急，只能一边向局长道歉，一边让人找林文智。

幸好有教师提醒，林文智才想起要去听课，于是匆匆忙忙陪同局长赶去课堂。他首先向大家道歉，然后认真听黄老师上课。幸好这节课非常精彩，局长不但没有责怪林文智，还肯定了林文智的教研与管理工作。

正是得益于林文智平时的培养与训练，要求每个教师都要有扎实的基本功和过硬的心理素质，王老师和黄老师才能临危不乱，为林文智赢得了这样的赞赏。所以说，校长的潜心导航是团队成员团结一致、勇往直前的重要保证。那么，林文智在研究型管理工作中是如何做到潜心导航的呢？总结起来，主要有以下三个方面。

一是行为导航。为了从行动上引领教师，无论多忙，林文智都会抽空读书、学习，提高自己的知识素养，努力使自己成为有科研思想的学习型校长，成为名副其实的教育专家，为教师树立学习的榜样。他总是乐于和同事分享自己的想法，邀请教师跟自己一起学习。此外，他还持之以恒地撰写读书笔记，与教师一起交流读书心得和学习体会，带领大家一起学习和研究，从而推动团队整体发展。

二是思想导航。林文智经常深入研究教育学、社会学和心理学，以求从多方面提高教研水平，掌握教研动态。同时他还时刻关注教师的思想状态和教研现状，帮助教师结合自己的教育实践形成课题，并对教师在课题研究过程中的困惑不遗余力地给予帮助。

三是互动导航。团队成员只有积极互动、相互帮助，才能找到前进的动力，才能培养研究能力。林文智鼓励大家互动交流并经常组织教师“磨课”，及时对研究把脉、会诊，引导研究的进程，从而使教师始终在问题的推动下深入研究，沿着正确的轨道良性发展。

通过这三方面的工作，林文智所在的团队更加团结一致，更加有研究信心。一个优秀的研究团队，必然有一个能够率先垂范、潜心导航的管理者。这样的管理者能够成为大家的标杆与典范，激发大家学习的动机；这样的管理者也是优秀的指挥官，能够引领大家通往正确的道路。

教师的专业发展除了需要个人的努力奋斗、深入探索，还离不开专业引领。那么，林文智是怎样对自己的团队进行专业引领的呢？效果如何呢？

策略四　专业引领，少走弯路

一个初入职场的青年教师开启自己的教育生涯，一个初为管理者的校长引领大家进行教学工作和教学研究，这都是很大的挑战。20 世纪 90 年代初，林文智在乡村学校当普通教师，之后担任教导处主任，很早就接触校本教研。多年的教研经历给了他这样一个经验：青年教师如果完全依靠自己，其教研成长之路将充满波折和困惑。为此，他决定把自己在“教”和“研”中所看到的、想到的、认识到的体会、经验和教训总结出来，以期对青年教师有所帮助。

谦虚的林文智认为，自己虽然从事教研工作多年，但没有经过专门训练，光靠自己的经验引领肯定不能满足教师的求知需要，于是他又邀请学者、专家和优秀同行来给大家以专业的引领，助力他们顺利成长，早出成果。

林文智邀请了在教研领域成绩卓著的周伟明教授到学校做教研讲座。周教授对生本教育颇有研究，发表过多篇相关学术论文，出版了多部学术著作。一开始，周教授并没有答应林文智的邀请，因为他非常忙。于是，林文智再三邀请，并亲自登门拜访。周教授深受感动，决定放下一些工作，专门从遥远的上海乘飞机来为林文智所在学校的教师进行教研讲座。

林文智十分重视周教授的这次讲座，鼓励大家积极与周教授交流。周教授很耐心地回答了大家的问题，并且详细介绍了学术论文的结构和写法。他认为，学术论文有一定的写作规范，并提出了创造性、正确性、客观性、公正性、确证性和可读性六个要求。在这个过程中，周教授以自己的教研论文为例，讲述如何撰写教研论文及其要领，使大家“学有所得”。

此外，周教授还讲述了做教研的艰辛与不易，并回答了研究型教师专业成长过程中常遇到的一些问题，增强了大家做教研的动力。在交流会上，周教授还指出，任何人的经验都不是教科书，只是个人的心得和体会，对这些经验不能盲目模仿，而要与自己具体的实践结合起来，才能掌握做教研的方法，及早出成果。

讲座结束后，几乎所有教师都表示很有收益。但是林文智并不满足一两次的专家讲座，而决定把专家引领系列化，多次邀请专家来学校给教师们传经送宝，遇到问题他还登门请教，或是打电话请教。这样一来，林文智不但提高了团队的教研水平，而且宣传了团队的教研成果。现在，越来越多的人支持他的团队，越来越多的专家、学者乐意与他合作，这让他很有成就感。

在有些管理者眼里，研究就是自己钻研，于是干脆闭门造车，这样做既不利于自身提高，也不利于团队发展。林文智是怎么做的？有哪些做法值得我们借鉴呢？

策略五　广开门路，博采众长

几年来，林文智听过各式各样的课：有专家的引领课，有骨干教师的示范课，有普通教师的研究课，有新手教师的上路课……听课的同时，他总会揣摩上课者的知识储备、教育理念、教学设计等，然后得出听课体会。这样，经过多方面、跨科目的听课、学习，他受益匪浅。

林文智认为，校本教研只有边教边研、边研边教、边学边用，才能不断思考、不断改进、不断完善、不断成长。一名出色的研究型校长，要有自己的主见、自己的方向和自己的目标，也要有海纳百川的胸怀，能够兼收并蓄，为我所用。也就是说，校长要广开门路、博采众长，才能有所创新。

这里，广开门路、博采众长就是把别人课堂教学的优秀案例作为研究对象，对其进行审视、分析和研究。其目的在于借鉴和内化。它是教学实践和教学理论的对话，是现在的自己和未来的自己在心灵上的沟通。一句话，广开门路、博采众长就是广泛开辟各种渠道，把教研搞活，促进自我专业成长。

如何才能做到广开门路、博采众长？下面这个关于企业人力资源管理的例子，可以给我们有益的启示。

联想集团从1984年创业时的11个人、20万资金，发展到今天拥有1万余名员工、资产数以亿计，2013年其电脑销售量位居世界第一，成为国内最具影响力的高科技公司，跃入世界500强企业行列。当外界纷纷探索“联想为什么成功”时，当一大批优秀的年轻人被联想的耀眼光环所吸引时，我们不妨先来了解一下联想的人力资源管理。在成功初期，联想集团就注重向世界知名的大公司请教。在人力资源管理上，IBM、惠普等企业都是他们的老师，联想集团和这些公司的人力资源部门都保持着亲密的关系。同时，他们与国际上一些知名的顾问咨询公司加强合作，引入了先进的管理理念与方法，参照CRG咨询公司的“国际职位评估体系”开展岗位评估，统一工薪项目，推行适才适岗、适岗适酬的分配机制，并采取轮岗制度。这些举措激活了联想集团的人力资源，促进了企业创新力的不断提升，并使企业保持着强劲的发展动力，从而在激烈的市场竞争中立于不败之地。

所以，管理者要想走向成功，就要广开门路、博采众长，在不断学习中提升自我，切不可故步自封，或一条道走到黑。

林文智在这方面是明智的，他一直坚持广开门路的管理理念。关于林文智运用广开门路的策略，我们举一个小例子。

一直以来，林文智认为在校本教研管理过程中出现的很多问题都是带有共性的，这些问题不管是对于校长、一线教师还是专业研究者来说，都是棘手的问题，大家都没有现成的答案和解决办法。在这种情况下，林文智认为“闭门造车”的校本教研管理是很难解决这些问题的。所以，他经常带着研究团队到其他学校参观学习，与其他学校的校长和各级领导探讨应如何更好地解决这些共性问题，同时他也鼓励本校教师与外校的教师交流，倾听彼此的心声，从中吸取经验。此外，他经常阅读有关教研管理的文章，参加有关校本教研管理的培训，虚心向研究者请教，以期通过多种渠道集思广益，获得智慧的启迪和解决问题的最佳方法。

林文智在平时的工作中力求做到三点：第一，抓住机会，广开门路，他充分认识到自己工作的重要性，把教研工作提升到一定的理论高度；第二，持之以恒，他坚持每日抽出一点时间进行教学研究的学习，知难而上，不轻言放弃；第三，潜心导航，他不仅要求自己积极与外界交流，还引导教师积极学习别人的先进经验，以提升自己的教研能力。

例如，为了培养小学生自主学习数学的能力，林文智最初确立的研究课题是“小学数学‘先学后导’自主性学习模式研究”。经过一段时间的实践探索，他让数学科组的教师进行反思、总结，把自己的实践认识、体会和感悟进行广泛的交流，然后进行理论学习，把教研上升到一定的理论高度去认识。在这基础上，数学科组的教师把研究课题调整为“抛锚式教学理论下‘先学后导’自主性学习模式研究”，凸显了情境的创设及数学思想的渗透，强调了学生核心素养的培养。由于研究得深入，课题荣获市第三届基础教育教学成果二等奖。在该成果基础上，林文智又广开门路，组织大家进一步探讨，把课题调整为“‘先学后导’教学案例研究与实践”，使研究更加具体，操作性更强，并继续申报了省级中小学教育科学“十三五”规划课题，从而不断提升教师的教研能力，促进学校教研的发展。

广开门路不仅让教师受益良多，也让林文智长了见识。林文智深刻地认识到，随着行业竞争越来越激烈，孤芳自赏是很愚蠢的。因此，他尽力创造机会让教师与专家、学者对话，创造条件加强与高等院校的教育科研合作，以求助力团队建设。与此同时，林文智还鼓励教师“走出去”，到教研强校去参观学习、观摩取经、增长见识，以收到“它山之石，可以攻玉”之效。

但是，要使教师养成广开门路的习惯，实在不是一件容易的事情。因此，林文智经常鼓励教师积极聆听各种教研讲座，参加各种教研培训；积极了解学校教育改革的趋势，关心学校教育发展的新动向；积极更新教育教学理念，坚持学习，尽快提高专业水平，力求具备扎实的学术功底和广阔的学术视野，努力适应新时期对教师更高的要求。

总之，教研工作者只有做到广开门路，才能有效转变观念，提高认识，不断强化教研能力；才能冲破狭隘思想的束缚，进一步推进教研创新；才能加强研究型人才队伍建设，加快学术交流与合作步伐，为教学提供智力支持。

研究箴言：要么不做，做必做好，做必极致。

有人问林文智：“你为什么懂得这么多道理，怎么有这么丰富的管理经验呢?”其实，这些都不是天生的，而是林文智通过博采众长得来的。没有人关起门来能知晓天下事。林文智有今天的成绩，正是得益于他善于博采众长。

林文智还是一名普通教师的时候，就非常注重吸取他人的经验，并且做得非常出色。当时学校有位姓梁的语文教师，不仅教书厉害，还很有创意地建立了“一棵大树管理制”，即以班集体为树干，以小组为树枝，以个人为树叶，对班级进行系统管理。这套管理制度非常有趣，而且效果显著。林文智对此非常散佩，就经常向梁老师请教。林文智把梁老师的班级管理经验加以创新，形成了自己的班组管理特色。因此，他的班级管理也变得有声有色，他也被评为“优秀教师”。林文智尝到了博采众长的甜头，深刻地认识到博采众长的重要性。正因如此，他珍惜每一次外出学习的机会，积极参加每一次讨论，认真听取同事们富有建设性的意见。这为他以后在校本教研之路获得成功打下了坚实的基础。

由于林文智出色的领导，他的团队成员成长得很快，大部分都已成为学校的中坚力量，有的甚至还被提拔到其他学校当校长，干得比林文智还好。林文智为此很得意，他认为只有开明的领导才能带出厉害的下属，管理者最大的成功就在于“青出于蓝而胜于蓝”。

研究箴言：开明的领导才能带出厉害的下属，管理者最大的成功就在于“青出于蓝而胜于蓝”。

也许林文智并不完美，但是他的管理智慧和对团队建设的一片真心，非常值得我们学习。有的管理者希望拥有一支优秀的研究团队，却又不愿意用心，这种现象值得我们反思。林文智就像一只领头雁，引领着雁群翱翔在蔚蓝的天空，朝着远方的既定目标飞去。他用心良苦，终于让自己的研究团队越来越强大，获得了越来越丰硕的成果。

第六章

构建研究型管理模式要坚持“四个落实”

要想打造一支研究型队伍，就必须构建研究型管理模式，这对于一个搞研究的团队来说尤为重要。搞研究的团队刚开始通常都存在凝聚力差、人员不足、研究力不够的问题，如果这个问题解决不好，就易导致团队涣散，研究不力。林文智所在学校的研究团队成立初期也存在着这样的问题，他是如何解决这个问题的呢？他采取了哪些措施？又有哪些管理智慧值得我们学习呢？

美国通用电话电子公司董事长查尔斯·李说："最好的 CEO 是通过构建他们的团队来达成梦想，即便是迈克尔·乔丹也需要队友来一起打比赛。"林文智深知这个道理，作为一个管理者，自己肯定不能事无巨细亲力亲为，毕竟每个人的精力和时间都是有限的。所以，要想做好校本教研，推动教育研究的发展，就要培养研究型教师，打造研究型团队，构建研究型管理模式。

常言道："好事多磨。"林文智明白构建研究型管理模式的过程肯定不会是一帆风顺的，肯定会遇到各种挫折、困扰。所以，他决定先培养中层干部做自己的左膀右臂。林文智挑选了两位中层骨干干部——教导处叶主任和政教处姚主任来培养。然而，这两位主任的观点经常不一致，动不动就发生冲突，这让林文智看在眼里，急在心中。他心想，团结合作是团队进步的根本，决不能让团队起内讧，否则团队就名存实亡，更说不上搞教学研究了。因此，经过深思熟虑，他采取了以下四项措施。

措施一：平衡双方实力，树立相互竞争而不是敌对的意识。

林文智考虑到姚主任有外交才能，说话有技巧，有领导气场，就让他主要负责对外交际与宣传，这样有利于使团队的研究得到更多人的支持，打造团队品牌；叶主任实干能力强，认真细心，林文智就让他负责课程改革、课题申报等工作。这样分工，让两人人尽其才，各得其所。

管理和比武一样，都讲究无招胜有招，虚招胜实招，平招胜奇招。林文智这招看似平淡无奇，实则威力无穷。人人都有"攀比"心理，都会在工作中给自己找一个"假想敌"，林文智正是利用两人的这种"攀比"心理，把两人的注意力从唇舌之争转移到了工作之争，而且"这一争"必定会使他们产生不可估量的斗志。林文智的意思就是，你们要斗狠可以，请到工作上去斗。这样分工，一方面缓解了两人紧张的关系，另一方面也提升了两人的工作效率，堪称四两拨千斤之功，省力而收效大。

研究箴言：管理和比武一样，都讲究无招胜有招，虚招胜实招，平招胜奇招。

措施二：揣摩双方心理，攻心为上。

林文智采取的第二个措施其实就是俗话所讲的“和稀泥”。做一件事之前，林文智通常先了解双方的想法，以便随时当好两人的润滑剂。他常在姚主任面前说：“你别看小叶平时老跟你抬杠，其实他心里还是挺尊重你的，跟你抬杠是想在你面前表现一下他的能力，以引起你的关注，咱们就别跟年轻人一般见识了。”然后，林文智又到叶主任那里说：“你别看老姚平时总对你不满意，横挑鼻子竖挑眼，其实人家是爱才心切，爱之深，责之切嘛。因为你有能力，有意磨炼你，希望你做得更出色，他老是在我面前夸你是后起之秀呢!”刚开始，这两人还想不通，一时接受不了。但是，经不住林文智反复地说、反复地调和，久而久之，两人的关系发生了微妙的变化，逐渐由“阴”转“晴”，有了明显的改善。

措施三：肯定双方优点，树立威信。

虽说群众的眼睛是雪亮的，但是他们多是只见结果而不见过程。所以，林文智经常在大型活动或研讨会上表扬姚主任和叶主任两人的优点，为他们两人树立威信。有时，林文智还特意告诉教师们，说“今天这个新思路呢，是姚主任提出的”，这样就给教师们一种暗示，让他们觉得姚主任的科研能力越来越强；或者说“今天这个方案呢，是叶主任提出来的”，告诉大家叶主任一直在努力进取。这样经常在教师们面前肯定两人的优点，让教师们在潜移默化中形成这样一种认知：两位主任的业务能力越来越强，关系也越来越融洽。在这种氛围之下，姚主任和叶主任也不好意思再起争执，关系也就真的越来越好了。

研究箴言：群众的眼睛是雪亮的，但是他们多是只见结果而不见过程。

措施四：学习管理经验，共同进步。

林文智还采取了一个措施，就是和姚主任、叶主任两人共同学习、探讨怎样当一名中层管理者的相关书籍。林文智给他们讲过一个故事：

有一个博士被分到一家研究所，成为所里学历最高的人。有一天，他到单位后面的小池塘去钓鱼，正好看见正副所长在他的一左一右，也在钓鱼。他只是向他们微微点了点头，心想：和这两个本科生没有什么好聊的。不一会儿，正所长放下钓竿，伸伸懒腰，“噌噌噌”从水面上飞一般走到对面上卫生间。博士的眼睛瞪得都快掉下来了。水上漂？不会吧？这可是一个池塘啊。正所长从卫生间出来，又“噌噌噌”地从水上“漂”了回来。怎么回事？博士又不好去问：自己是博士生啊！过一会儿，副所长也站起来，“噌噌噌”地“漂”过了水面。这下子博士更是差点晕倒：不会吧，到了一个江湖高手集中的地方？博士也想去卫生间了。这个池塘两边有围墙，要绕到对面的卫生间得十分钟，而回单位又有点远，怎么办？博士又不愿意去问两位所长，憋了半天后，也起身往水里跨：我就不信本科生能过的水面，我博士生不能过。只听扑通一声，博士一下子栽到了水里。两位所长忙将他拉了出来，问他为什么要下水。他问：“为什么你们可以走过去呢？”两位所长相视一笑：“这池塘里有两排木桩子，由于这两天下雨涨水没在水面下。我们都知道这木桩的位置，所以可以踩着桩子过去。你怎么不问一声呢？”

通过这个故事，林文智告诉叶主任和姚主任：学历高有学历高的优势，经验丰富也有经验丰富的长处。其实，在工作中，每个人身上都有值得别人学习的优点，切不可故步自封、自作聪明，应多向别人学习。此后，林文智让叶主任和姚主任一起学习学校管理知识，既增进了两人的感情交流，同时也让两人学习到更多的管理知识，为构建研究型管理模式奠定了基础。

在构建研究型管理模式过程中，林文智还遇到了一些问题，给他的研究型管理模式的构建带来很大挑战。

问题一：管理体制僵化。

虽然我国已成功实现计划经济向市场经济的转型，但是教育管理体制仍留有计划经济时代的深刻痕迹，如统一的管理模式、统一的管理措施、统一的评价方式等。这种僵化的教育管理体制造成了政教不分、政事不分等弊端。此外，这种僵化的教育管理体制容易使下级管理部门或者学校深受权力的影响，容易依附于上级权力，唯上是从，既依赖于上级决策，又缺乏执行力，管理效率可想而知。

问题二：机构设置不清。

学校机构设置庞杂，不同部门的职能存在交叉重叠，有的部门甚至“名不副实”，这容易造成权力责任不清、人浮于事、互踢“皮球”的现象，难以提高行政效率。例如，学校有些部门的人员并没有清楚地理解和把握自己的职责，把对自己有利的事情划归到自己的工作范围之内，但若出了问题，又极力推卸责任。此外，即使有些人员知道自己的职责，但因部门制度不够完善，也谎称自己不知道或把它们当成讨价还价的资本，如将协助其他部门做好工作当成一种对别人的“恩赐”，而不是自己的职责。如此一来，便会产生这样的现象：部门之间相互推脱责任，导致协调困难；教职工之间互相埋怨，互相对立，结果出了问题谁也不管，谁也不出来承担责任，最后大都不了了之，或者问题的解决以付出代价为前提。

问题三：管理方式单一。

教育行政部门的职能要靠具体的活动、手段、程序等行政行为来实现。但目前教育行政部门的管理方式比较单一，主要表现在各级教育行政部门主要通过开会、公文、检查、评比等方式进行管理，“文山会海”的现象十分严重，既没有切实可行的管理手段，又没有富有特色的管理方案。另外，所发的文件中强制性、规范性的内容比较少，更多的是指导、检查性的内容。这反映在校本教研上，就导致学校教师参与教研的积极性不高，在一定程度上也制约着学校教研工作的顺利开展。

综上所述，林文智认为，要想在校本教研这条路上走得比别人更远、更好，就必须敢于向传统、落后的管理制度提出挑战。这就像那些逆水而上的鱼：一日，两个和尚走在江边，看到几条逆水而上的鱼，小和尚说：“这些鱼真傻，逆水而游，多费力，多辛苦!”老和尚说：“它们正在享受奋斗的快乐，你看见那片黄叶了吗？只有死去的东西才会随波逐流，享受这种安逸，逆水而游，才能享受真正的快乐。”不要为眼前的困境而烦扰，挺过每一个低谷，就会走向另一座高峰！经历得越多，懂得也就越多，路上吃的苦不会白吃。

研究箴言：不要为眼前的困境而烦扰，挺过每一个低谷，就会走向另一座高峰！经历得越多，懂得也就越多，路上吃的苦不会白吃。

由此可见，我们只有敢于挑战，才能向上发展；敢于打破传统管理模式，才能构建新的管理模式。

但是，在一个团队里，不是负责人努力了，其他成员就勤奋了，总会有一些人对工作不上心，这在很大程度上制约了团队的进步与发展。那么，如何才能将这些负面影响降到最低呢？

管理大师彼得·德鲁克说：“你不能衡量它，就不能管理它。”联想集团总裁兼 CEO 杨元庆也说：“制定正确的战略固然重要，但更重要的是战略的执行。”在吸取成功人士的经验以及分析当前教育管理和校本教研的利与弊之后，林文智决定采取落实计划管理、落实过程管理、落实组织管理和落实制度管理四个策略，来推进研究型管理模式的构建。

策略一　落实计划管理

“一年之计在于春，一天之计在于晨。”一年要有所收获在于年初的计划，一天要达到的目的也始于这一天开始时的计划。一句俗语，道出了计划的重要性。有些人认为，花时间写计划会影响工作效率，但林文智不这么认为。他认为，详细的计划会减少工作中的意外。那么计划什么呢？林文智给我们提出了四个计划要点：编制、执行、调整和考核。

第一，编制。就是要先成立一个负责机构。林文智要求成立一个校本教研负责小组，组建一个研究团队。那这个小组需要多少人、由哪些人来组成以及哪个人担任哪个职务等问题，在小组成立之初备受争论，而且学校的领导班子成员都争先恐后地说要负责校本教研。林文智思前想后，最终选择了教导处叶主任、政教处姚主任和学校的几位学科带头人共 8 人组成了校本教研负责小组。虽然人是选出来了，但是他们各自的职务怎样安排才是最恰当的呢？要是在编制上出了什么差错，必须会影响计划的如愿实施。这时，叶主任主动请缨，说要和姚主任一起担任校本教研的负责人。在管理学上，成立机构和做好编制是进行行政管理活动的基本条件。建立合理的行政机构，配备能干的工作人员，使整个行政组织体系高效协调地运转，必须依靠科学的编制管理。这是在行政管理体系中居于较高层次的管理，有人称之为“母管理”。所以，有效的编制对计划的实施有促进作用。

第二，执行。不管蓝图描绘得多么完美，如果行动被人遗忘，结果只能是“一场空”。所以有了想法就要行动起来，行动起来才能让计划变得有价值。这就是执行。刚开始，计划在校本教研小组的合作下有条不紊地进行着，工作初见成效。但是，在课程改革上，叶主任和姚主任发生了争执。两人经常思路不合拍，在一起的时候总是互相“抬杠”，平时还想方设法打压对方，建立自己的小圈子，与对方对着干。两个负责人的关系突然变僵，让计划实施受阻。林文智赶紧采取措施解决问题，亲自出面安排任务给校本教研小组的每个成员，并要求他们在规定的时间内完成任务。这样，他们两人就不会在执行思路上产生冲突了。

第三，调整。唯物辩证法认为事物总是发展变化着的。当新问题出现时，就要及时做出调整，才能保证计划的完成。从叶主任和姚主任两人意见不合的那一刻起，林文智就成了校本教研小组的实际负责人，大小事情的决策都是由他管。但是，他作为校长，事务繁忙，再承担这些工作确实有些吃力，长期这样下去也不是办法。林文智意识到：只有做出调整，才能扭转局势，让计划顺利实施。俗话说：“亡羊补牢，未为迟也。”林文智暗中观察了两人一段时间后，发现姚主任对校本教研并不专心，一边搞研究，一边还沉浸于自己过去的辉煌，时冷时热；叶主任则热衷于教育研究，有干劲，有想法。所以，他决定在人员职务上做出调整，让叶主任一个人担任校本教研小组的负责人。所谓“一山不能容二虎”，如果继续保留两个负责人，那么这个计划估计就无法实施下去了。自从调整以后，校本教研计划执行得有条不紊。

第四，考核。整个计划落实得怎样，要通过考核才能知道。校本教研小组执行计划两个多月了，效果如何呢？林文智对此胸有成竹。为什么呢？因为林文智早在计划实施前，就建立了具有本校特色的考核评价机制，其中包括课程理念是否体现了新课标的要求、课程设置是否符合学生的身心发展需求等。林文智运用这一套考核评价机制就可以定期考察和监督计划的落实情况了。

落实计划管理，成为林文智构建研究型管理模式的重要一步。我们知道，构建研究型管理模式不是一朝一夕的事，倘若没有完整的计划，大家都不知道该做什么、目前能做什么、从哪里做起。总不能路走到一半，走不通了又回到原点重新开始吧。真要出现这种情况，工作就会又耗时又费力，而且容易导致人心涣散，更别提出成果了。所以，越是想完成一件重要任务，就越要做好每一步的计划。这样才能运筹于帷幄之中，决胜于千里之外。

可是，落实了计划管理，不一定就能构建研究型管理模式，因为还需要过程管理。那么，林文智在过程管理中是否会一帆风顺呢？他又是怎么落实过程管理的呢？

策略二　落实过程管理

正如列宁说：“不能做语言的巨人，行动的矮子。”林文智认为，优秀的校本教研应注重过程管理，因此他决定用强有力的实际行动来推进校本教研。

第一，策划。本区春风小学采用动态管理的方法开展校本教研，使学校的办学实力大大增强。林文智明白科研的重要性，在学校传达了春风小学的做法，做了本校的科研展望，然后开始策划。林文智的想法是“用科研带动全校发展”——既然春风小学可以用科研增强实力，那么我们也可以通过科研促进学校的发展。林文智先把全校具有科研经验的教师都动员起来，集思广益，对如何开展校本教研进行科学的预测，并制订可操性强的活动方案。

第二，实施。策划出行动计划之后，林文智马上动员大家按照计划实施。当时，很多教师问：“我们为什么不计划得更加详细一点，反而这么着急去实施?”林文智说：“计划得更加详细，考虑得更加周全，当然是好。但是，如果我们拖着不去立即实施，就只是‘纸上谈兵’，那我们的教师又怎么能提高科研能力呢?所以我们不能光计划，我们还得去做，得去实施。在实际的研究中，就有机会发现问题，就一定会有所进步。”果然如林文智所料，大家接到任务或遇到困难时，虽然一时有些忙乱，但随后就马上找方法解决。在校本教研过程管理上，更重要的是落实。林文智引领大家认真地去实施策划好的科研目标，带领大家走上了幸福的科研之路。

第三，监督。林文智引领大家开展科研活动之后，全校教师的士气为之一振，校本教研各项具体工作任务都得到了落实。本来，大家以为校本教研活动就可以这样顺利地开展下去了。但想不到，节外生枝，中途有的教师觉得辛苦了，不愿意这样干了，开始敷衍了事。其他教师受此影响，也产生了不同程度的懈怠心理，有些教师甚至提出“干脆停止这项工作吧，别再耽误时间啦”。面对这种情况，林文智很是焦虑。林文智坚信前景是光明的，决不能因一些消极分子的懈怠就放弃追求，所以不能停止。于是他做了一个决定：建立督导制度，成立监督小组，由监督小组负责观察、评价教师的科研工作。对表现好的教师予以表扬，鼓励他们更加积极、努力；对表现懈怠的教师及时挖掘原因，并做思想工作。监督机制建立之后，教师明显比以前积极多了。还有个别教师有惰性，林文智就及时和他们谈话，向他们传达校本教研的重要性。经过几次约谈之后，大家及时醒悟，科研的积极性空前高涨。

讲到这里，我们就不得不讲一个管理学法则——赫勒法则。英国管理学家赫勒认为，当人们知道自己的工作成绩有人检查的时候会加倍努力。监督是必要的，有人监督的情况下，一个人做事会很认真；而没有人监督的时候，对工作就很难上心。在管理过程中，我们相信团队成员可以做好事情，但还是必须有监督机制。这对于工作的顺利开展是一个很有效的手段。

第四，改进。监督机制建立之后，大家都积极、认真地落实好自己的工作任务，如火如荼地搞起了科研。然而，此时，林文智又提出了一个要求，他要求大家要改进自己的工作方式，采取滚动讲座、轮流汇报的形式介绍自己的工作情况。

林文智这个要求是强制性的，大家都觉得不可思议，跟林文智反映道："现在我们很忙，日常教学、班级管理、校本教研，哪一项工作都不能松懈，现在又让我们搞汇报，搞讲座，根本忙不过来。"听了教师们的意见，林文智说了两个道理：

"第一，以往'对付'不认真的人时，我们设立了监督小组。但是，现在情况不同了，大家不再敷衍了事，积极性提高了，此时，我们担忧的是没有进步。

第二，现在的情况是'不怕没热情，就怕没改进'。如果我们不听讲座、不做汇报，就无法了解教师教研的现状，也无法及时帮助教师解决在研究中遇到的问题。这样，我们就没有任何改进，就有可能重复犯错误，那我们的教研还有意义吗？所以我们现在要努力帮助大家分析清楚，明确目标，这样大家就会及时反思自己的教研情况，及时解决问题，才能更加坚定地进行教研工作。"

林文智的这种想法，后来被证明效果显著。大家认真听讲座，做汇报总结，成果很快就摆在了大家面前。眼见大家一起努力，不仅认真做事还努力改进，林文智的心里无比欣慰。

林文智走好了这四步，有效落实了这个过程管理。林文智带领着全体教师走在幸福的科研之路上，多位教师成功发表了论文。在区教育局的工作会议上，林文智和本校其他教师受到了肯定和表扬。至此，林文智的科研获得了阶段性胜利。

那么，他又是如何落实好校本教研的组织管理的呢？

策略三　落实组织管理

作为一名领导者，必须了解自己下属的才能，根据下属的实际情况确定其职务、职位，明确其责权关系，否则就会出现才不能尽用的情况，也会降低整个团队的工作能力。对于这点，我们先来看看下面的小故事。

去过寺庙的人都知道，一进庙门，首先是弥勒佛笑脸迎客，俗称“笑佛”。在“笑佛”的北面，则是黑口黑脸的韦陀，即“黑面神”。

但相传在很久以前，“笑佛”和“黑面神”分别掌管不同的寺庙，并不在同一座寺庙里。弥勒佛生性热情好客，乐观至上，所以引来了很多朝拜的人，但也由于弥勒佛什么都不在乎，做事情丢三落四，不能好好管理账务，所以入不敷出。另一座寺庙里的韦陀虽然管账是一把好手，但由于成天拉着个苦瓜脸，太过严肃，吓得香客不敢来朝拜，以致最后香火断绝。

佛祖在查香火的时候发现了这个问题，就将他们俩放在了同一座寺庙里：弥勒佛负责公关，笑迎八方客，于是香火大旺；而韦陀铁面无私，锱铢必较，则负责财务，严格把关。在两人的分工合作下，庙里呈现出一派欣欣向荣的景象。

可见，在用人大师眼里，没有废人，正如武功高手不需名贵宝剑，摘花飞叶也可杀敌，关键看如何运用。

研究箴言：在用人大师眼里，没有废人，正如武功高手不需名贵宝剑，摘花飞叶也可杀敌，关键看如何运用。

林文智所在的学校有一位非常优秀的数学教师——何老师。何老师具备扎实的知识功底、过硬的教学能力、勤勉的教学态度和科学的教学方法，教学成绩也一直遥遥领先。因此，林文智非常器重何老师，何老师才来学校一年，林文智就已将其破格提升为数学教研组组长。林文智希望在何老师的带领下，数学教研可以为学校争得荣誉。然而事实跟林文智所想的相去甚远：在何老师担任数学教研组组长的半年里，数学教研组非但没有取得实质性成果，还导致学校在一次校本教研检查中受到上级领导的批评。因为在那次校本教研检查中，何老师没有把教研资料准备齐全，有些材料还有漏洞，以致上级领导认为林文智不重视此次检查。

林文智得知这一情况后，立刻找何老师谈话。通过这次谈话，林文智发现何老师只擅长教学，教研管理不是他的强项。在担任数学教研组组长这段时间里，何老师虽然专门去了解了教育科研和教研管理方面的知识，但是效果不太理想，对于教研工作，他依然无从下手。况且，何老师本身不喜欢写东西，在撰写教学论文时总要花费很多的时间和精力，这导致经常没有足够的时间备课，结果连他最擅长的数学教学也没有以前那样精彩了。了解这些情况后，林文智将何老师的职位调给了另外一位擅长教育科研的教师，让何老师专心搞教学。自此以后，何老师在学校工作中极少出过差错，在教学领域获得了显著成绩，不仅被评上了高级教师，还在各大教学技能比赛中为学校争得了诸多荣誉。

这件事情之后，林文智经过反思，得出自己在打造研究型管理模式的过程中还存在这样一个问题：教职工职责分配不当，即没有落实好组织管理。为了解决这一问题，林文智使出了以下两个大招。

一是建立机构，合理安排。林文智为了使学校的组织管理更加完善，专门成立了教育科研室，以方便学校教育科研工作的管理。此外，由于学校师资有限，林文智还要求教导处指定专人兼管教育科研室的工作，逐步做到学校有科研组织、学科有科研核心，从而保证学校科研工作有计划、有组织地进行。

二是明确职责，知人善用。林文智深信人才是利润最高的商品，能够经营好人才的管理才是最终的大赢家。用人不在于如何避免人的短处，而在于如何发挥人的长处。例如，林文智知道何老师虽不擅长科研，但是有高超的教学能力，关键看如何安排。林文智认为，千方百计请一个高傲的医生，还不如请一个随叫随到的郎中。至于何老师这个“郎中”，对于林文智来说重要的是要分清他擅长哪一方面，并给他实权，让他干实事。所以当林文智意识到何老师不擅长教育科研时，便及时让他退了下来，去做自己擅长的事情。日本经营之神松下幸之助说过：“用他，就要信任他；不信任他，就不要用他。”林文智没有计较何老师的短处，而是充分发挥了他的长处，让何老师在适合他的岗位上发挥才干。何老师对此心怀感恩，工作更加努力，在工作中获得成就感，也为学校带来了荣誉。

林文智在安排教师参与教研管理工作时，总会和学校中层干部认真研究学校人才结构，对不同职称、学历、年龄、性格的教师进行科学的组织、安排和协调，组成既结构合理，又能适应教育科研发展需要的科研队伍，充分发挥教育科研的组织效能。

策略四　落实制度管理

深谙管理之道的人都清楚，落实管理制度，必须要遵循三个步骤：第一是制订管理制度；第二是执行管理制度；第三是进行监督。制订管理制度强调的是“有法可依”，执行管理制度强调的是“有法必依”，进行监督强调的是“执法必严”。

先来说说制订管理制度。“无规矩，不成方圆。”为建立一个有战斗力的学校教研管理系统，林文智施行了分级目标管理制度。各教研组都调派学校领导蹲点主抓，下设科组长和年级备课组长，分工明细，各尽其责。

为消除科组活动的随意性与盲目性，又建立了一系列管理制度，如教研活动制度、学校教研工作管理制度、教师教学工作考核量化制度、教研奖励制度、教研组长职责等。教研活动有计划、定主题、定时间、定地点、定主持人、有记录，人人参与，人人有课题。通过完善制度，让教师在工作中心中有目标，有规可依，有章可行，达到了以制度管理人、激励人的目的，进而产生了良好的管理效益。

再来说执行管理制度。林文智遵循组内每一位成员都是教研组主人的管理原则，如轮流主持、开讲座、写简报等。每人每次教研活动都有研讨的主题要求，每人的关注点和视角都有所不同，每个人都是主角。像集体备课，个人初备要充分准备，在集体研究中才有话可讲，才能在集体备课基础上进行个性化的二次备课。也就是通过任务驱动来执行。

最后说说进行监督。因为有了监督才能良性循环，才能持续发展。林文智对教研各项工作的检查评估，就是组织教师进行自查自评与互查互评，并结合个人的自我反思，让教师在自我完善、自我调节与互相学习、互相促进的过程中由单纯的接受管理转向参与管理、自主管理，成为科组的主人，从而切实提高了管理的成效。

林文智是一个睿智高明、敢于创新的校长，他高屋建瓴地做出了创建教研团队的正确决策。此外，林文智引领大家设计了教研团队的共同愿景，制订了教研团队的发展规划，全心全意地为学校的发展壮大而付出着。

在教研团队创建、发展和壮大的过程中，林文智手下有两个得力干将，分别是卓副校长和教导处叶主任。他们和林文智共同进退、共克难关，除了协助林文智打造了一流的教研团队，还为他扫除了通向名校长之路的阻碍。林文智深谙用人之道，他非常爱惜有用之才，待他们如亲人一般，时常与他们推心置腹，相扶相助。

教育科研是一个不断摸索的活动，总会出现新的挑战、新的挫折，接下来，林文智还会遇到什么难题？他又是如何解决这些难题的呢？

第七章

跳出研究力的误区

在学校管理过程中，校长需要有很强的研究力，这样才能够有效促进校本教研活动的开展，同时促进学校的发展、教师的成长以及学生的发展。然而，在开展校本教研过程中往往会由于“迷信权威”或“唯上是从”而陷入研究力的误区，从而影响校本教研的健康发展。那么，作为一名教研管理者，应如何跳出研究力的误区呢？林文智的做法又会给我们怎样的启发呢？

"凡事总需研究，才会明白。""科学研究已经走出书斋，成为社会生活的主导部分，不具有研究力的公民，在现代社会很难有良好的发展。研究力已经成为现代生活力的一项重要内容，这已经成为现实。"[①] 由此可见，研究力对于人们的工作和生活来说至关重要。对于从事教育工作的人员来说，大到教育专家对国家教育的宏观分析，小到一线教师对课堂教学的微观思考，无不昭示着教育研究无处不在。而且，如今的知识经济要求教师从"教书匠"向学者型、科研型、专家型教师蜕变，努力成为教研的能手。可以说，研究力是让教师成为未来教育改革家的强大智力保障。但是，在中小学教育科研中存在不少这样那样的问题，使教育科研陷入了误区，严重影响了教研活动的质量，淡化了其应有的价值。

在有权威人士参加的学校教育科研活动中，权威人士往往占有绝对的话语权，其他教师也把权威人士的每一句话奉为金科玉律。换句话说，这些教师往往把一些所谓"权威观点"视为"真知"并"认可"它、接受它，却很少去推敲它、质疑它。根据权威人士的偏好或意见来确定校本教研的"主攻方向"，使"研校本"变成了"研权威"，严重违背了校本教研的本意。

事实上，不管在任何领域，权威也有出错的时候。因此，在教育研究领域，权威人士的论断或意见并不都是真理。如果教研工作者迎合权威，屈从权威，不敢批评，不敢质疑，那么就会导致校本教研停滞不前。爱因斯坦说："在真理的认识方面，任何以权威者自居的人，必将在上帝的嬉笑中垮台！"校本教研最本质的特点是以校为本，从学校实际情况出发，确定校本教研的目标、步骤和方法，而不是向权威看齐，跟着权威走。

所以我们得出一个结论：在开展教育研究的过程中，如果教研工作者一味迷信权威或唯上是从，便会陷入研究力的误区。教研工作者如何跳出研究力的误区呢？今天，我们就结合林文智多年的教研管理经验，给大家提一些避免陷入研究力的误区的建议。

---

① 黎鹤龄．研究力是现代生活力的重要内容——兼论"幼年研究生"培养策略［J］．生活教育，2014（1）．

策略一　不迷权威，只求真理

美国心理学家曾经做过一个实验：在给某大学心理学系的学生讲课时，向学生介绍一位从外校请来的德籍教师，说这位德籍教师是从德国来的著名化学家。试验中，这位“化学家”煞有其事地拿出了一个装有蒸馏水的瓶子，说这是他新发现的一种化学物质，有些气味，请在座的学生闻到气味时就举手，结果多数学生都举起了手。本来没有气味的蒸馏水，由于这位“权威”的心理学家的语言暗示多数学生就都认为它有了气味。这个实验说明，迷信和盲从权威的心理是普遍存在的。需要注意的是，人们尊崇权威是可以理解的，但如果产生对权威的依赖感或畏惧感，对权威迷信和盲从，就会失去独立思考的机会，束缚自身的创造性思维。

研究箴言：人们尊崇权威是可以理解的，但如果产生对权威的依赖感或畏惧感，对权威迷信和盲从，就会失去独立思考的机会，束缚自身的创造性思维。

林文智刚到区第一小学担任校长不久，就接到通知，要他到区教育局参加全区校长工作会议。在会议上，教育局长给每位校长布置了一项非常重要的任务，即开展以“书香校园”为主题的校园文化建设，并决定在期末对各个学校的校园文化建设进行评比，成绩优异者，将获得“市特色文化校园”称号。

会议结束后，林文智便陷入了沉思。他知道，要想在这场竞争中赢得胜利，就必须战胜全区实力最强的区第三小学。但谈何容易？当时，区第三小学在校园文化建设方面已经取得了很大成绩。林文智回校后立即召开行政会议，将这项任务列为教研工作的重中之重。为了圆满完成任务，林文智参加了相关培训，向教授、专家请教“书香校园”文化建设，同时多次到兄弟学校参观，学习别人的建设经验。

在这个过程中，林文智发现很多学校都花钱请专家给予指导，并按照专家意见开展这方面的工作。比如说，有几位在教育界富有声望的权威人士在一次全区校长培训中一致认为："以'书香校园'为主题的校园文化建设的关键点主要在于加强学生的阅读培养，而国学经典是学生阅读的重点。被公认为最能代表中华民族五千年文化精髓的国学经典有《弟子规》《三字经》《千字文》《论语》《大学》《中庸》《老子》等，其中《三字经》和《弟子规》最适合小学生阅读，可以为学生成人成才奠定坚实基础。"几个学校的校长听了都频频点头称是。

培训结束后第二天，林文智组织召开了教研工作会议。在会议上，林文智转述了权威人士的说法，并请大家对此提出看法。不出林文智所料，绝大部分教师同意权威人士的说法，并认为如果按照他们的说法去做，校园文化建设绝对没有问题。对此，林文智当场并没有说什么。又过了几天，林文智前往区第三小学，参观其"书香校园"文化建设。林文智发现，区第三小学的查校长已将阅读《三字经》和《弟子规》作为各个年级早读的重要内容之一，学校密集地广播《三字经》和《弟子规》，并且要求教师布置相关作业让学生回家完成。

林文智参观回来后，并没有像区第三小学的查校长一样按照权威人士所说的去做。多年的教研经验教给了他一个基本的做事原则：无论做什么事情都不要人云亦云，要独立思考，理智解决问题。因此，林文智决定利用两个星期的早读时间，让各个年级先阅读《三字经》和《弟子规》，看看效果。两个星期后，林文智对学生进行了一次问卷调查，结果发现学生对《三字经》和《弟子规》的很多内容都不理解，而死记硬背对学生的教育意义不大。

为了解决这一问题，林文智与大家一起研究，还邀请知名教授前来指导，最后决定根据学校实际，开展了"'情趣阅读'校本教材开发与应用研究"，在学校开展"乐阅"校园文化建设。具体来讲，分两条路走。

一是国学经典诵读。提供给学生阅读的国学经典内容都是经过精心挑选的，如曾组织教师编写了《觉童》国学教材。诵读时间的安排也比较灵活，可以是早读、放学后、大课间等。此外，学校还规定每周至少有四节阅读课，让在阅读过程中遇到困难的学生能够及时得到教师的帮助。

二是课外美文阅读。学校组织教师编写了《经典美文》情趣阅读教材，把阅读主题分为12个，每学期一个。诵读什么、必读什么、选读什么都记录在学校编写的《阅读成长手册》里。学生阅读任务需要家长签名确认，然后交给语文教师验收。为了促进学生快乐阅读，林文智与大家一起研究出了星级评价机制，即根据阅读量来对学生进行星级评价，有学士级、硕士级、博士级等，阅读量越多等级就越高，学期结束后，累加星级最高者将获得奖励。

一学期后，市评估小组对各校的“书香校园”文化建设进行验收，对林文智的做法赞不绝口，说：“林文智的校园文化建设思路非常新颖，是其他学校所没有的，这次‘市特色文化校园’称号非他莫属了。”林文智悬着的一颗心也慢慢放了下来。

林文智的做法得到市评估小组肯定后，市教育局长也来到林文智所在学校参观，一同前来的还有区第三小学的查校长。在参观途中，市教育局长说：“区第二十五小学在音乐方面做得非常好，你们学校也可以考虑考虑，这样可以突出学校特色。”林文智表示会考虑。但后来经过分析，林文智认为区第二十五小学在音乐方面已经做得非常出色了，如果步其后尘，很难超越。学校要想发展，光靠模仿肯定是不行的，必须要有自己的东西，要有所创新。林文智把学校的发展现状以及自己对学校发展的意见报给上级领导，得到支持之后，他决定还是在“乐阅”上寻找更多的创新点和突破点。事实证明，林文智的想法是对的。而区第三小学查校长不折不扣接受了市教育局长的指示，竭尽全力搞了一个音乐队，但因很多条件不成熟而无法超越区第二十五小学，最终没能形成特色。

在林文智带领下，区第一小学的“乐阅”校园文化建设更加成熟和完善，校园里散发着浓郁的书香，随处可见手捧书本专心阅读的学生和教师。就这样，林文智所在的学校毫无悬念获得了“市特色文化校园”称号，超越了原来实力最强的区第三小学。后来“乐阅”校园文化建设成果在全市展示，吸引了很多校长前来参观学习。

在“书香校园”文化建设评比中，区第一小学之所以能脱颖而出，在于林文智掌握了跳出研究力误区的秘诀。

这次“书香校园”评比，对于林文智来说是一个巨大的挑战。之所以这么说，是因为林文智所在的学校当时只是一所普普通通的小学，而竞争对手区第三小学是一所名校，在全区学校中实力最强，在以“书香校园”为主题的校园文化建设方面已经取得了很大成绩。因此，如果想战胜区第三小学，就必须要有所创新。

更麻烦的是，林文智发现，学校里不管是领导干部还是一般教师，普遍存在迷信权威的现象。例如，有教育专家说如果每位教师一天写一篇千字文，保证多少年就成名成家，于是学校就规定大家天天写教学反思；有些教师撰写教研论文时总是喜欢引用名人名言，借以证明自己的正确性，却从未考虑这些名人名言是否正确；还有的教师为了显示自己的创新性，会装模作样地“怀疑”一番，但实际上，都是花架子，是为了怀疑而怀疑，是走过场而已。大家总是跟在权威（专家、名人等）的后面，走权威的老路，然后又回到权威（专家、名人等）的结论上来，始终走不出权威的影子范围。

创新是通向真理的秘径，在前行过程中，它是有条件的，其中一个条件就是不要迷信权威。若永远跟在权威的后面，永远在权威的羽翼下过日子，不敢挑战权威，不敢超越权威，那就永远也不可能有所创新。

因此，当有权威人士对林文智所在学校的“书香校园”文化建设提出建议时，林文智没有迷信权威，而是自己研究，结合学校实际与大家一起对权威人士提出的意见或建议加以辨别、思考、分析和求证，最终研究出了既符合学校实际又能够彰显学校特色的“书香校园”文化建设道路。

林文智认为，在进行教研的过程中，迷信权威是实现创新和探索真理的绊脚石，会导致教研人员陷入研究力的误区。如果完全听从权威人士的意见或建议开展“书香校园”文化建设，何来创新？事实证明，林文智的选择是正确的。他没有迷信权威人士的意见或建议，带领大家跳出了研究力的误区，通过与大家共同努力研究出了富有学校特色的“乐阅”校园文化建设之路。

那么，林文智选择跳出研究力误区的做法是什么呢？那就是“不迷权威，只求真理”。

其实，不管是过去还是现在，很多人都会在这一点上犯错误，在这里我再举两个事例。

1938 年 9 月 21 日，一场凶猛异常的狂暴飓风袭击了美国的东部海岸。美国著名历史学家威廉·曼彻斯特在他的名作《光荣与梦想》中记载并描述了这场罕见的风暴。书中写道：“下午两点三十分，海水骤然变成了一堵高大的水墙，以迅猛之势，向巴比伦和帕楚格小镇（位于纽约长岛）之间的海滩劈头压来。第一波海浪的威力如此之大，以至于阿拉斯加州的锡特卡的一台地震仪上都记录下了它的影响。在袭击的同时，飓风携带着巨浪以每小时超过 100 英里的速度向北挺进，这时，水墙已经达到近 40 英尺高，长岛的一些居民手忙脚乱地跳进他们的轿车，疯狂地向内陆驶去！没有人能精确地知道，有多少人在这场生死赛跑中失去了生命！幸存者后来回忆道，一路上，人们都将轿车保持在每小时 50 英里以上！”

其实，当时的气象学家们早已预测到了这场飓风的规模和到来的时间，因为一些不便公开的原因，气象局并没有向公众发出警告。事实上，绝大多数的居民通过家中的仪器或者通过其他渠道都已获知飓风即将来临，但由于作为权威部门的气象局没有发出任何预报，居民们都理所当然地认为自己获得的信息是假的。如果说预报员这次变成了瞎子，那么全体居民也都跟着什么也看不见了。

“后来，许多令人吃惊的故事被披露出来，”曼彻斯特写道，“这里有一个长岛居民的经历。早在飓风到来前几天，他就到纽约的一家大商店订购了一个崭新的气压计！9 月 21 日早晨，新气压计邮寄了过来！令他恼怒的是，指针指向低于 29 的位置，刻度盘上显示：‘飓风和龙卷风。’他用力摇了摇气压计，并在墙上猛撞了几下，指针也丝毫没有移动！气愤至极的他，立即将气压计重新打包了，驾车赶到了邮局，将气压计又邮寄了回去！当他返回家中的时候，他的房子已被飓风吹得无影无踪了。”

这就是绝大多数当地居民当时的态度。当他们的仪器指示的结果没有得到权威部门的印证时，他们宁愿诅咒气压计，或者忽略它，甚至干脆扔掉它。

试想，如果当地居民没有忽略仪器指示的结果，即使没有得到权威部门的印证，能够在飓风来临之前稍微做一些准备，都不会这么惨烈。常言道：“尽信书，不如无书。”对于“权威”，也是同样的道理。

潘特是美国著名的遗传学家，20 世纪 20 年代初，他指出大猩猩和黑猩猩的染色体都是 48 条，由此推断人类的染色体也是 48 条。由于他是遗传学的领军人物和顶级权威，所以学术界都认可了他的推断，相信人类的染色体是 48 条。

20 世纪 50 年代，美籍华裔生物学家徐道觉的助手在配制冲洗组织平衡盐溶液时，不小心配出了低渗溶液。当徐道觉将低渗溶液倒进胚胎组织用显微镜观察时，意外地发现染色体的数目清晰可见。但可惜的是，他一直盲目地相信权威潘特关于“人类染色体也是 48 条”的结论，所以错失了这次发现人类染色体确切数目的大好时机，也错失了一项原本应该属于他的科研成果与殊荣。

另一位美籍华裔生物学家蒋有兴，也是采用了低渗溶液处理技术进行观察，终于发现人类染色体不是 48 条，而是 46 条。他纠正了遗传学权威潘特延续了 30 多年的错误推断，从而使人类对细胞遗传学的研究步入了一个崭新的阶段。

徐道觉的失败和蒋有兴的成功告诉我们，随着科学技术的日新月异，权威并不永远都是对的，要正确对待权威，不要一味迷信和盲目尊重权威，否则，我们就会丧失自我思考的能力，我们的行动就会不自觉地被专家们的论断束缚。所以说，不论做任何事情，我们首先要相信自己，坚持自己的想法，才能跳出框框，发现新道路，发现真理。

现在，很多人都在问中国为什么缺乏创新型人才，其中一个非常重要的原因就是中国的思想界、理论界和学术界维护和迷信权威的观念根深蒂固，缺少挑战权威的精神，少有挑战权威的胆量，没有形成挑战权威的学术风气，更没有显现挑战权威的学术风格。挑战权威往往被认作叛逆，维护和迷信权威往往被认作忠诚。所以，中国要想培养出更多的创新型人才，就要摆脱这种历史的重负，提倡人们在学习、工作和生活中树立正确心态，肯于努力，勤于探索，敢于打破权威的神坛，这样才能突破思想的障碍，突破传统的束缚，从而获得属于自己的"真理"。否则，创新将无从谈起。

要想获得真理，就要自觉树立起真理面前没有权威的观念，在权威面前，不是跪着而是站着，要敢想敢干，敢于尝试，敢于挑战。但是有一点我们仍需谨记：挑战权威，不是对权威不尊敬，而是正确对待权威。

研究箴言：要想获得真理，就要自觉树立起真理面前没有权威的观念，在权威面前，不是跪着而是站着，要敢想敢干，敢于尝试，敢于挑战。

我们可以看到，林文智在权威面前没有迷信和盲从，而是做出了明智的选择，这个选择不仅让他能够在"书香校园"文化建设中脱颖而出，让他在全区实力最强的区第三小学面前不落下风，赢得了人们的高度认可和赞赏，还成功地解决了避免陷入研究力误区这一问题。那么，接下来，林文智又做了什么呢？又给了我们哪些启示呢？

策略二　破除"唯上思维"

所谓唯上思维，就是唯上级的意志为自己的意志，以上级的思维为自己的思维的盲从意识和畏权意识。林文智为了庆祝学校被评为"市特色文化校园"，在校内召开了一场庆功会。在庆功会上，林文智除了表彰在开展“乐阅”校园文化建设过程中表现突出的教师外，还特地强调：“在开展‘乐阅’校园文化建设过程中，任何人都不得有唯上思维，不能因惧怕上级而对上级的指令不加任何异议地盲目顺从。哪怕是作为一校之长的我，犯了错误，或者是哪些方面做得不好，不利于学校的发展，你们也可以直接指出来，提出意见或建议，我肯定会慎重考虑并加以改正。”

林文智为什么要特地强调这一点呢？原来在几年前，林文智在一所农村小学担任教学副校长时，有过这样一次惨痛的经历：当时林文智作为一名主管教学工作的副校长，在教研方面很厉害，许多教师在他的带领下专业发展走上了快车道，林文智也因此引起了上级领导莫副局长的高度关注。于是莫副局长请林文智加入自己主持的课题研究队伍，林文智二话不说就接受了这项任务。林文智觉得既然是上级领导安排的任务，就应该无条件接受，尽管他手头上还有很多工作要完成。就这样，对于领导的要求，林文智不折不扣地接受了，既没有自己的想法，也无暇顾及自身的实际，结果弄得疲于奔命，无所适从。更严重的是，最后林文智不但没有完成领导的研究任务，还把自己的事情也耽误了，这是林文智所没有预料到的。

这件事情给了林文智一个深刻的教训：“服从”并不等同于“唯上”。“服从”是一种美德，是一种制度，它是在工作中保持上下政令畅通的需要；而“唯上”则完全是因惧怕上级而产生的畏权意识。“唯上”在一定程度上禁锢了人的自由思维，限制了人的创造性。研究者一旦形成“唯上思维”，那么所进行的研究只能是伪研究。这样的研究即使投入了最大的精力，也只会离真理越来越远。因为研究者只对上级领导负责，却不对揭示规律负责。越想博得上级领导的信任，便越会不遗余力地去做面子上的工作，付出的劳动就越没有意义。这样的伪研究不仅浪费了大量时间和精力，也会使研究者产生厌恶感，阻碍研究的进展。

也正是因为有了这次惨痛的教训，林文智才会在庆功会上特意强调开展教研工作需要破除“唯上思维”。所以，当市教育局长给林文智提出搞音乐特色的文化建设的意见时，林文智不是马上接纳，而是首先分析了这个意见是否符合学校的实际情况，然后才决定是否采纳。

但是，也有人会说，在教研工作中并不是人人都能做到“不唯上”的，总会有种种原因让你不得不服从上级的意志。这个问题林文智也遇到过，他采用了两种方法来解决。

第一，与上级沟通，以智慧说服。对于上级领导的建议，作为校长不可能生硬拒绝，也不可能漠视，只能积极沟通和说服。如市教育局长好心建议林文智的学校学习区第二十五小学，在音乐方面做文章，突出学校特色。林文智当时表示可以考虑，既表现出对领导的建议的尊重和采纳，又体现出他是一个不盲从、有主见的校长。经过分析，林文智知道区第二十五小学的音乐特色文化建设已开展十来年了，在全市是响当当的，一说到音乐和器乐，大家自然而然就会将其与区第二十五小学的名字联系起来，区第二十五小学已经是学校“音乐和器乐”的代名词。再加上林文智知道自己学校又没有专门的训练场室，没有专业音乐教师，想要在短时间有突破是不可能的。同时，林文智对自己学校进行了审思，认为学校开展课外阅读有基础，师生爱阅读，语文骨干教师多，开发了很多阅读指导策略，只要创新，就能凸显特色。为此，林文智又组建了研究团队对自己学校的阅读文化进行分析和深挖，请专家把脉，确立了“‘情趣阅读’校本教材开发与应用研究”这一研究主题，深挖“乐阅”校园文化内涵，分国学经典诵读和课外美文阅读两条路走，开发《觉童》《经典美文》《阅读评价手册》系列。接下来，林文智将自己的认识、大家的分析深挖、专家的看法以及特色文化建构的思路汇报给了教育局长。局长认为林文智的思考是正确的，并给了林文智一些点子，更加坚定了林文智的信心。

第二，倾听“师声”，用效果证明。我们来看这样一则寓言：

鹰王和鹰后从遥远的地方飞到远离人类的森林。它们打算在密林深处定居，于是就挑选了一棵又高又大、枝繁叶茂的橡树，在最高的一根树枝上开始筑巢，准备夏天在这儿孵养后代。

鼹鼠听到这个消息，大着胆子向鹰王提出了警告：“这棵橡树可不是安全的住所，橡树根部几乎烂光了，它随时都有倒掉的危险。你们最好不要在这儿筑巢。”

嘿，这真是怪事！老鹰还需要鼹鼠来提醒？你们这些躲在洞里的家伙，难道能否认老鹰的眼睛是锐利的吗？鼹鼠是什么东西，竟然胆敢跑出来干涉鹰王的决定？

鹰王根本瞧不起鼹鼠的劝告，反而立刻动手筑巢，并且当天就把全家搬了进去。不久，鹰后孵出了一窝可爱的小鹰。

一天早晨，太阳升起来的时候，外出打猎的鹰王带着丰盛的早餐飞回家来却意外地发现，那棵橡树已经倒了，它的鹰后和子女都摔死了。

看见眼前的情景，鹰王悲痛不已：“我多么不幸啊！我把最好的忠告当成了耳边风，所以命运就给了我这样严厉的惩罚。我从来不曾料到，一只鼹鼠的警告竟会是这样准确，真是怪事！真是怪事！”“轻视从下面来的忠告是愚蠢的。”谦恭的鼹鼠答道，“你想一想，我就在地底下打洞，和树根十分接近，树根是好是坏，还有谁会比我知道得更清楚的呢？”

这则寓言告诉我们：来自最基层的意见与建议价值往往最高，因为那是实事求是的真知灼见。作为一名研究型校长，林文智是懂得这个道理的。因此，每当要做出重大教研决策之前，林文智都会自下而上地征求大家的意见，而不是以上级指示为重。在制订教研活动实施方案的过程中，林文智总是充分给予教师参与权，十分尊重教师的看法，使大家有一种“被需要”的感觉。这种做法无形之中调动了大家的积极性和主动性，使大家能够齐心协力地为教研活动的开展付出努力，从而确保了教研的顺利进行并取得良好的效果。

研究箴言：来自最基层的意见与建议价值往往最高，因为那是实事求是的真知灼见。

另外给大家提个醒，天使能够飞翔，是因为把自己看得很轻。在职场上，看轻自己也是一种智慧，更是一种人生境界。林文智在这一点上做得非常好。在庆功会上，虽为一校之长，林文智仍坦言自己和大家一样，在从事教研工作中也有做错的时候，也有不少缺点，希望大家能够发现并指出，好让自己及时改正过来，不断完善自己。林文智从来不会摆领导架子，不会唯我独尊、听不得一点反对意见，这个优点的确让人佩服。

研究箴言：天使能够飞翔，是因为把自己看得很轻。在职场上，看轻自己也是一种智慧，更是一种人生境界。

总之，林文智之所以能够在“书香校园”文化建设评比中脱颖而出，是因为他掌握了跳出研究力误区的两个重要策略：一是不迷权威，只求真理；二是破除“唯上思维”，不唯上是从。这些宝贵经验都是值得我们借鉴和学习的。

第八章

八小时之外的研究力修炼

与其他研究事业一样，校本教研也需要研究者源源不断投入精力。但是，研究者不是神，不可避免地会遇到“书到用时方恨少”的情况，一旦出现这种情况，我们的研究工作就会面临极大的麻烦。因此，要想做好校本教研，真正使校本教研能惠及学校、教师和学生，研究者不仅要跳出研究力的误区，更要不断地修炼自己，为自己“充电”。那么林文智是如何利用八小时之外的时间修炼自己的研究力，从而带动团队发展的呢？

做研究就像打仗一样，既要打好“歼灭战”，也要打好“持久战”。研究是一件厚积薄发的事情，它要求研究者及其团队不断修炼自己的研究力，唯有这样，才能源源不断地为校本教研输送“源头活水”。

《诗经·大雅·荡》中有句话叫“靡不有初，鲜克有终”。意思是说，在生活中，在追求理想的道路上，没有人不肯善始，但很少有人能做到善终，越往高处就越是少人能坚持。做研究也是一样。特别是现今社会，不管做什么，只要看起来有利可图，人们就会一哄而上，不管是什么东西，先拿到再说。随着新一轮课程改革的不断深入，校本教研越来越受到中小学教师的欢迎。开展校本教研工作不仅可以提高教师的科研能力，还可以提升教师的教学能力，进而提升学校的教学质量。因此，现在许多中小学校都争先恐后地进行校本教研。然而，校本教研不是短跑，而是一场马拉松。只有经过长足准备，能做到坚持不懈，才可能获得胜利。所以，真正能在校本教研上做出成果的人并不多。

作为一名优秀的研究型校长，作为校本教研的领头羊，林文智深感修炼研究力是一件非常必要、非常迫切的事情。在工作时间内，他除了做好学校常规工作外，还要应对上级主管部门的各种检查、兄弟学校的学习交流等事务，很难投入足够的时间修炼研究力，因此就要在八小时之外下功夫，并要持之以恒。

说白了，研究力的修炼就跟十月怀胎一样，靠的是慢慢孕育，不是说一朝一夕就能生出个胖娃娃来的。只有好好养足十个月，那才叫怀孕，才能生个健康宝宝。有些人创业没几天，就问：为啥还没挣上钱呢？“冰冻三尺，非一日之寒。”研究力不是一两个月就能形成的。修炼研究力要有足够的耐心，春种，夏长，秋收，冬藏，总需要一个过程才能换来一个好收成。人生所有的问题都靠成功来解决，人生所有的成功都靠成长来解决，人生所有的成长都靠修炼来解决，不修炼不可能成功。因此，林文智深知自己要想在“校本教研大军”中脱颖而出，就得不断修炼研究力。

要想通过修炼提升自身的研究力，首先要搞清楚研究力的核心是什么。就像拍照不知道焦点在哪里就拍不出好照片一样，不清楚研究力的核心，也就无从修炼研究力。一般来说，研究力的核心内容主要包括以下三个方面。

一是决策前瞻力。决策前瞻力是指研究型校长能够辨别当前研究发展的陷阱和机会，对环境变化做出及时有效反应的能力。决策前瞻力是正确定位研究目标、正确选择研究课题的前提。如果失去这个核心，研究力的修炼也就没有方向性，那么校本教研也将没有办法立足社会趋势，终将与时代发展要求脱轨。

二是才识威信力。才识威信力不仅包括研究者对校本教研本身的深刻认识，还包括研究者对前人宝贵经验的利用和对自己卓越才能的发挥。作为领导，你站得越高，越引人注目，你的优缺点就越容易被人发现，所以你就要及时给自己充电，树立自己的才识威信力。这样才能让自己的成员心悦诚服，才能底气十足给你的下属下命令、提意见。如果没有才识威信力，就不可能带领团队在校本教研的道路上走得更远。

三是自主学习力。自主学习力是指自己自觉、主动学习的能力，即研究者能够运用学过的知识和相关资料去思考、去分析、去探究。人类社会发展到今天，自主学习力越来越受人欢迎。不管你有多少兴趣爱好，多少社会关系，在人生的某一个时间点，你都将明白自主学习力是不可或缺的。有自主学习力的人能忍受“独上高楼，望断天涯路”的孤独，逼出自己最大的潜能。没有人会为你的事业、你的未来买单，你要么努力向上，要么自甘平庸，这就是生活。如果一个人失去了自主学习、自我升华的能力，也就无法在残酷的竞争中处于有利地位。

研究箴言：有自主学习力的人能忍受“独上高楼，望断天涯路”的孤独，逼出自己最大的潜能。没有人会为你的事业、你的未来买单，你要么努力向上，要么自甘平庸，这就是生活。

研究力的三大核心内容作为一个整体，必须得到全面协调的发展，缺少任何一项，都会直接导致研究力的下降。在准确分析把握了研究力的核心内容之后，林文智开始有目的、有针对性地强化自我研究力。那么，林文智用来修炼研究力以使自己成为一个有研究能力的管理者的策略有哪些呢？

策略一　强身健体，保驾护航

都说身体是革命的本钱。好的身体是做好研究工作的基本条件，没有强健的体魄，就谈不上修炼研究力。为了锻炼身体，林文智经常走路上班，特别在早晨，既可以呼吸新鲜空气提神醒脑，还可以在欣赏沿路风景的同时放松紧绷的神经。为了避免办公室束缚自己的视线和思维，林文智总是勤于巡查，深入了解各部门的工作情况，及时解决出现的种种问题。另外，林文智喜欢散步、打球、游泳等有氧运动。这些运动有益于林文智放松大脑，获得更灵敏的思维。

一个人就像一个国家，世界强国应是硬、软实力都强大的国家，而一个真正的强者也应是体力与脑力兼优的人。我国著名学者门洪华教授认为，国家的硬、软实力是剑和锋的关系，没有剑，哪来的锋？一个人也是如此，没有强健的体魄，一切都是零。诸葛亮的“出师未捷身先死”，多么令人痛心。攀上事业的高峰，必须要有体力和脑力的有机结合，当两者处于优化配置时，才有可能达到 $1+1>2$ 的效果。

尽管工作非常繁忙又极为琐碎，但是林文智善于合理利用时间，所以仍能从容进行教育研究。别人有空就刷微信，林文智有空就翻书本；别人有空就打牌，林文智有空就观课；别人有空就逛街，林文智有空就写作。林文智总是随身带着笔记本，一有感悟就记录下来。他的记录详细、具体且有条理，这使得他的教研工作愈发有声有色。林文智认为，每个人每天只有 24 小时，所以要合理利用好每一分每一秒。为了节省时间，林文智极少参加饭局、聚会等属于应酬范围的活动，以保证有充分的时间进行教学研究。

然而就在去年春天，林文智原本平稳的生活遭遇了意外。当时教育局要求各校开设“信息素养”课程，这在我国算是一门比较新的课程。林文智自感经验不足但又不甘放弃，就拼命恶补，结果积劳成疾，得了眩晕症。医生嘱咐林文智不能再过度用脑，需要留院观察，但是林文智要求回家休养。最后医生拗不过林文智，只得允许。林文智并没有闲着，咨询了一些专家后，为自己制订了一个较有规律的作息时间表，还制订了健康食谱，一边调理身体一边给大家上“信息素养”课。

此外，为了避免大家也遭遇健康风险，林文智当起了健康咨询师，带着大家一起锻炼身体。

因为在教师队伍中，随着时间的推移，当年的壮小伙、年轻美丽的姑娘都已步入中年，他们的身体开始走下坡路，健康状况越来越差，但学校工作又不能耽误，所以林文智决定将全面提升教职工身体素质纳入工作计划，加强教师体育锻炼，要求全体教师走出教室，走出办公室，走向操场，走到阳光下，走向大自然。在大课间时间，所有教职工都要放下手头上的工作，与学生一起参加体育锻炼活动，以增强体质，保证健康。学校根据实际情况还为教师提供了专门活动场所，德育副校长、工会主席和体育教师具体负责、统筹活动时间和内容的安排，如开展学打太极、学健美操活动，组织踢毽子、打乒乓球等比赛，等等。每天近一个小时的锻炼缓解了教师们工作中的疲劳，增强了教师们的体质。有好几位教师原来体检时都发现有一些小毛病，经过一段时间的锻炼，小毛病竟然都没了。这极大地调动了大家体育健身的积极性，绝大多数教师改变了以往开车上下班的方式，开始走路上下班，目的就是为了锻炼。

体育运动激起了大家团结合作、奋勇争先的精神，教师们一边锻炼一边交流教学和教研心得。教师们见林文智如此尽心尽力，就自觉为他积极“跑腿”，因而林文智借助大家的支持与帮助顺利熬过了这一关，把“信息素养”课程安排得十分妥当，上级领导非常满意。通过这件事情，林文智深深地认识到：身体是革命的本钱，没有健康的体魄，教师将难以支撑繁重的科研任务。

策略二　与书相伴，勤于笔耕

一名管理者是否优秀，跟他做什么工作、在哪里工作没有关系，但跟他读不读书、会不会自我提升有很大关系。苏联著名教育家苏霍姆林斯基告诉我们，每天不间断地读书，跟书籍结下终生的友谊，像潺潺小溪一样，每日不断，注入思想的大河。读书不是为了应付明天的课，而是出自内心的需要和对知识的渴求。因此，我们要想提高自己的教学、科研能力，就要读书，持之以恒地读书，不断地丰富我们的知识储备。

下面让我们来读读苏联大文豪高尔基一生甘愿与书相伴、勤于笔耕的故事，他在读书笔耕中形成了自己的思想智慧，被列宁誉为“无产阶级艺术的最杰出的代表人物”。

高尔基出生在沙俄时代的一个木匠家庭，4 岁丧父，寄养在外祖母家。因为家庭极为贫寒，他只读过两年小学，10 岁时就走入冷酷的“人间”。高尔基当过学徒，做过搬运工人、守门人、面包师，还两度流浪南方，受尽苦难生活的折磨。但这没有阻碍他修炼自我。高尔基十分喜欢读书，在任何情况下都要利用一切机会，扑在书上如饥似渴地读。如他自己所说：“我扑在书上，就像饥饿的人扑在面包上一样。”他为了读书，受尽了屈辱。10 岁时在鞋店当学徒，没有钱买书，就到处借书读。那时的学徒实际上是奴仆：上街买东西，生炉子，擦地板，洗菜，带孩子，什么都要干，每天从早晨工作到半夜。劳累一天之后，他就点亮自制的小灯，坚持读书。老板娘禁止高尔基读书，还跑到阁楼上搜书，搜到书就撕碎。因为读书，高尔基还挨过老板娘的毒打。但高尔基为了看书，什么都能忍受，甚至甘愿忍受拷打。“假如有人向我提议说：‘你去广场上让我用棍棒打你一顿，我就让你读书。’我想，就是这种条件，我也可以接受。”

高尔基一生如饥似渴地读书，坚持不懈地努力，时刻不忘与书为伴，最后留下了《海燕》《鹰之歌》《母亲》《克里姆·萨姆金的一生》《童年》

《在人间》《我的大学》等著名作品。除此之外，他还写了很多剧本、政论、特写、文艺评论等，在世界文坛上留下了浓墨重彩的一笔。

高尔基的刻苦让林文智深受鼓舞，他决心与书为伴，勤于笔耕，为教研工作施肥浇水。正如鲁迅先生所说："时间就像海绵里的水，只要愿意挤，总还是有的。"林文智充分利用零碎时间，涉猎了心理学、社会学、教育学等的相关书籍，为教学研究打下了良好的基础。

在这个多元时代，浅阅读、泛阅读和快阅读日益风行，许多人放弃了对深阅读的那份坚守，这样的状况令人担忧。由中国新闻出版研究院组织实施的第九次全国国民阅读调查数据显示，2011 年中国 18 至 70 周岁国民人均纸质图书阅读量为 4.35 本，0 至 17 周岁未成年人图书阅读率为 87.1%，接近六成的 18 至 70 周岁国民认为自己的阅读量较少或一般。

清人邓廷桢说："道心静似山藏玉，书味清于水养鱼。"林文智认为，阅读必须剔除功利和浮躁，只有用心，才能读出深度和广度。林文智有很多独特的读书方法，"交叉读书"就是其中之一。所谓"交叉读书"，是指同一时间段交错读几本书，如先读几章《教育管理》，再去读几章《课堂小游戏》，再接着读几章《怎样写作》，这种交错阅读不但可以让头脑更加有活力、思维更加敏捷，而且往往能获得意想不到的认识和感悟。

读世界各国文化名著，在不同国度的知识海洋里遨游，可以触摸到世界万象，不知不觉便会形成大世界观，然后虽身居斗室，却深知世界；研读教育专著，可以认识教育征途上众多卓越的跋涉者，明白教育是一种爱的事业，掌握教育的规律和艺术。林文智认为，一个教师既要有深究的本领，又要有辨析的能力，而这些能力可以通过多读书、多总结得到提升。

俗话说："不动笔墨不读书。"林文智坚持写读书笔记，也看重读书笔记。林文智常常拿这些读书笔记跟大家分享，反响很好。在读书笔记中，林文智写教研心得，写师生故事，抒发真情，表达感悟，无不流露出对校本教研的执着与热爱。他沉浸在书香世界里，在自己的精神花园里勤奋采摘，还不忘把爱书的精神传递给自己的同事和学生，让大家都能受益。

为了让大家更好地修炼研究力，林文智购置了一大批书籍，订了一大批报刊。他鼓励大家撰写读书心得，以提升阅读深度。林文智还因此找到了许多读书“盟友”，因而更是充满了奋发向上的热情。

两只狼来到草原，一只狼很失落，因为它看不见肉，这是视力问题；另一只狼很兴奋，因为它知道有草就会有羊，这是视野问题。视野能超越现状，使人看到人生目标。而读书，就是拓宽视野的一个重要过程。修炼研究力的道路漫长坎坷，但林文智乐意坚持和钻研，这就是他的第三个策略——潜心研究，努力提升。

研究箴言：视野能超越现状，使人看到人生目标。而读书，就是拓宽视野的一个重要过程。

策略三　潜心研究，努力提升

《孟子·离娄下》有云：“深造自得。”孟子认为，培养自己的才干须达到“自得于己”的境界，即沉下心来、不断努力，是臻于此境的必由之路。

作为学者和诗人的闻一多先生，20 世纪 30 年代曾在国立青岛大学任教。那时候，他已经诗兴不作而研究志趣正浓，用心钻研古代典籍，就如同在地下挖掘宝藏一样。对古代典籍仰之越高，攀得越起劲；探之越深，钻得越不舍。闻一多想吃尽、消化尽我们中华民族几千年来的文化珍馐，想给当时我们衰弱的民族开一剂文化药方。他从唐诗入手，目不窥园，足不下楼，兀兀穷年，沥尽心血。

古有杜甫为享受难得的清闲“一月不梳头”，今有闻一多为学问不修边幅。闻一多忙于读书研究，几乎到了废寝忘食的地步。深宵灯火是他的伴侣，“漂白了的四壁”，不动不响，无声无闻。一个又一个大四方竹纸本子，写满了密密麻麻的小楷，如群蚁排衙。几年辛苦，终于凝结而成《唐诗杂论》的硕果。他并没有先“说”，但他“做”了，做出了卓越的成绩。他“做”了，也没有“说”，这是真正学者的风度。后来，闻一多又由研究唐诗转到研究楚辞。十年艰辛，一部《楚辞校补》赫然出世。别人在赞美，在惊叹，而闻一多呢？还是没有“说”。他又向“古典新义”迈进了，潜心贯注，心会神凝，成了“何妨一下楼”的主人。

林文智对闻一多甚是崇拜，因而更加坚定了潜心修炼研究力的决心。他认为，要达到自我完善，就必须达到“衣带渐宽终不悔，为伊消得人憔悴”的境界。为了在校园里营造潜心研究的学术氛围，林文智采取了以下四项措施。

第一项措施：用心揣摩，身体力行。

和许多教师一样，林文智在教研工作中遇到的一大困惑，就是弄不清怎样引导学生文明使用互联网。为此，他开展了问卷调查、访谈（包括采访自己的小孩），还请教专家、上网浏览学习和求助别人等活动。由于他用心揣摩，执着探索，终于找到了解决问题的一点方法。林文智明白，现在的学生已经不是网络时代的被动学习者了，他们上网有不同的需求，如寻找信息、与人交流、进行课外学习和研究感兴趣的问题，等等。他们渴望接触新鲜的事物，网络游戏和聊天是学生上网的重要内容。孩子对大人所禁止做的事情是最感兴趣的，所以学生上网，“堵”不如“疏”。他在班级里做过一次调查，发现三年级的学生就已经开始玩“赛尔号”“奥比岛”等游戏了。其实，适当地玩玩游戏也可以锻炼孩子各方面的能力，培养孩子动脑思考的习惯。健康的游戏确实能够寓教于乐，但是任何事物都有两面性，就像水一样，既可以用作灌溉，也可以变成“洪水猛兽”。这就要求教师去正确引导学生上网。林文智和玩游戏的学生做了一个约定，玩游戏只能在周末完成作业的情况下玩半小时，这个时间是他们放松心情、找寻快乐的过程，是属于他们的自由时间，除此之外的时间，绝不准碰触任何游戏。学生按照他的要求做到了，长期坚持下来，学生养成了良好的上网习惯。他还将网络应用于与学生的沟通中，以自己的言传身教影响学生。在他的QQ里有一栏都是学生。现在的学生有交流的渴望，但有时又苦于不知道该怎么交流。在网上，学生会告诉他很多在生活当中面对面不愿说的事、班级里的“小秘密”、自己的烦恼，等等，通过这种沟通方式，解决了学生存在的很多问题，而学生的成绩不仅没下滑，反而对学习表现出了浓厚的兴趣。林文智也因此拉近了与学生的心灵距离，成了学生无话不说的大朋友。接着，他将一些优秀的教育网站介绍给学生，并鼓励学生利用教育网站寻找资源，进行自主学习，如对语文科感兴趣的同学，可以让他们在网上欣赏佳作……

疏导胜于防堵。文明上网，是学生成为网络主人的前提，要成为未来有眼光、有世界胸怀的一代，就是要看你在互联网上做什么！

用心揣摩，更要身体力行，这就是林文智的特质。他听过许多令他非常佩服的“课”，也曾身体力行地上过课。

在教学方面林文智经过一番努力，收获颇丰，但困惑仍在。新教材信息的呈现形式多样，解决问题强调思维的多层次、多角度和多方面，答案往往富有开放性，这些都对林文智提出了挑战。因此，他在广泛涉猎信息素养方面的知识的同时，也报名参加了农村校长培训学习活动，不辞劳苦多次到江苏等省跟岗学习。他之所以没有指派其他教师去，而是亲自参加，是因为他认为这样更能学习到新知识。

“功夫不负有心人。”用心揣摩、身体力行的辛劳总会有回报。林文智被评为省级“百千万人才工程名师”，还被评选为省级“骨干校长培养对象”，这标志着他的教研能力又上了一个新的台阶。一名教师可做的事情也许是有限的，但只要合理利用自己的时间，用心揣摩教学中遇到的问题，一年、几年、几十年坚持不懈，不断进取，是完全可以修炼出更强的研究力的，也完全可以把校本教研做得更好。

第二项措施：究本思源，稳中求新。

朱熹在阐释孟子的“深造自得”时说：“欲求深造，最忌‘浅迫求之’，最忌‘强探力取’。”他强调：“只是既下工夫，又下工夫，直是深造。”（《朱子语类·卷五十七》）真是概乎其言！

总结以往经验，林文智认为，自得于己、信手拈来的境界对每一个人都不是遥不可及的，只要教师有追本溯源的毅力，有探寻事物本质的精神，就有可能抓住“以人为本”的教育核心，有教无类，因材施教，从而推动教育的可持续发展。

经过几年的教学实践，林文智从校本教研的基本理念与实践探索中领悟了教育的真谛。他认为，“教育”就是通过各种活动促进人的精神生命成长，是一场心灵的战争，教师应紧紧“揪”住教育中的问题不放，顺着这条路走下去，一定能走到研究的彼岸。

第三项措施：双管齐下，高效修炼。

林文智的“双管齐下”指的是理论与实践双管齐下，也就是既要研究理论知识，用科学理论武装自己的头脑，又要基于问题开展课题研究，把理论知识付诸教研实践，使两者相辅相成。

林文智所在学校曾存在着比较严重的网络暴力现象，所以，他要求教师必须读一些关于中小学生文明使用网络的书籍，并根据自己教育孩子文明使用网络的经验，指导大家做这方面的研究。然而，万事开头难，网络文明教育也会遇到形形色色的困难。比如，五年级某班的学生小唐，由于成绩中等，家境平平，因而容易被人忽略；而班长小吴是个品学兼优、家境富有、多才多艺的学生，因而颇受大家的关注与喜爱。古语曰：“木秀于林，风必摧之；行高于人，人必毁之。”小吴的优秀引来了包括小唐在内的其他学生的妒忌。有一次，小唐和其他几个同学一起，在QQ空间里对小吴恶言相向。小吴看了这些留言之后非常伤心，但幸好她接受过网络文明教育，意识到这是不文明使用互联网的言行，就没有不顾后果地奋起反击，而是找班主任反映了情况，班主任及时向林文智汇报了这件事情。

林文智对此十分重视，亲自找小唐谈心。考虑到小孩子的逆反心理，他没有责骂小唐，而是让她观看一部关于文明使用互联网的微电影。微电影里的小孩利用网络来诋毁他人，最后遭到了严厉的惩罚。看到小唐心里有感触了，林文智就跟她聊起文明使用网络的话题，潜移默化中也做了思想教育工作，最后及时把这个问题解决了，没有给双方带来太大的伤害。双方家长得知实情后，都非常感激林文智的帮助。有了这次经验，林文智越来越意识到要注重保护处于“中间地带”的学生。他们不像调皮的学生那样令教师头疼，令同学关注，又不像优等生一样讨教师欢心，让同学羡慕。这群人最不起眼，也最容易被人遗忘。林文智为此专门看了许多相关书籍和微电影，还写了一本关于保护中等生心理的书，引起较大反响。

经过理论与实践的双管齐下，林文智在潜心研究中不断提高自己的研究力，推动了自身专业的发展和校本教研的进步。

第四项措施：集思广益，众志成城。

刘邦贫民出身，却能称霸天下，正是因为他综合采用了萧何、张良、韩信等众多有识之士的意见和建议；朱元璋乞丐出身，却能成就一番伟业，因为他有一帮忠实的弟兄为他出谋划策。所以，一个人无论多厉害，都要集思广益，发挥团队的力量，否则就难以进入理想的殿堂。

许多人认为“名校长工作室”只是摆样子，但林文智不这样认为。他认为，人首先要有一个宏伟的梦想，才会吸引无数有同样梦想的人来帮你实现梦想；要懂得借助他们的智慧和力量，为自己的梦想插上翅膀。他还认为，人生最大的运气，不是捡钱，也不是中奖，而是有人可以带你走向更高更宽的平台，为你的梦想助力。其实，限制人们发展的不是智商，也不是学历，而是生活圈子、工作圈子中的一些人能不能给你带来智慧的火花，能不能给你正确的指引。所谓的贵人，不一定是比你地位高的人，也不一定是比你富有的人，而是能开拓你的眼界，带你领略不同风景的人。明天是否辉煌，取决于你今天的选择和行动。只有善于集思广益，才能借助他人的力量实现自己的梦想。

领导是这样成功的，个人成才也是如此。教学中有许多问题都不是容易解决的，而教学工作又不能间断，容不得教师全想明白后再去上课。许多问题搞不明白，不妨慢慢去想；有的问题没有全搞明白，不妨在有所悟的地方坚持做下去。只要潜心致力，假以时日，定有进步。尽管每个教师走过的路不一样，但这个道理是通用的。林文智十几年教学生涯中的许多困惑，都是靠这样的潜心钻研解开的。只要肯从一个环节上深入钻研下去，抓住关键环节不断探究，人生之路就会越走越宽敞。

策略四　自省自悟，完善自我

罗曼·罗兰说："在你要战胜外来的敌人之前，先得战胜你自己内在的敌人；你不必害怕沉沦与堕落，只要你能不断地自拔与更新。"可见，成功人士都是通过彻底反省来打败自己内心的敌人，打扫自己思想灵魂深处的污垢尘埃，减轻精神痛苦，净化自己的心灵的。

因此，我们一定要经常进行自省自悟，认清自我，找到自己人生的维度和坐标，这样才能有目的、有计划地完善自我。当一个人不知道自己原来是什么样时，就不能清醒地定位自己，就不会有能力的提升和个人的进步。一个人如果建立了强烈的自我意识，知道自己是什么样子，知道自己想要的是什么，就会在众多选择和诱惑中坚持自我，走向成功。

在这一方面，林文智采取了以下措施。

一是反躬自省。

林文智非常赞成这段文字所说的道理：你读书也好，搞艺术也好，不要故作清高，显摆身份——这不是什么了不起的事情。你会画画，你会作两首诗，或者你会弹钢琴，不要动不动就向人家炫耀。西方人一般不会出现随意炫耀自己的行为，甚至很厉害的人站在你面前，也会害羞得要命；明明干这行干了四五十年了，也还是锋芒不外露；就算很有钱，也可以穿着普通舒适，不需要用金项链、大钻戒来显示自己的财富。但我们有一些人则不同。很多时候，你会发现经常有"富二代""官二代"赤裸裸地出来显摆，堂而皇之地用身份、地位、财富标榜自己的一切。

如果一个人把自己的身份看得非常重要，就很难恪守古人"吾日三省吾身"的忠告，就不会有自知之明。苏格拉底说：一个没有检视的生命是不值得活的。自我反省不仅是了解自己做了什么，最重要的是通过它了解自己真正的意图。柏拉图更进一步说："反省是做人的责任。"没有反省能力的人也很难自我完善，人只有通过反省才能具有美德与道德兼具的完美人格。

研究箴言：一个没有检视的生命是不值得活的。自我反省不仅是了解自己做了什么，最重要的是通过它了解自己真正的意图。

“反躬自省”一词出自《礼记·乐记》：“如恶无节于内，知诱于外，不能反躬，天理灭矣。”躬，就是自身；省，就是检视内心。此句意在警示世人要经常检查自己的言行得失。人的天性中有安静无欲的一面，但是由于受到外物的引诱，就会产生种种欲望，并对事物产生好恶的观点。如果一个人的欲望过度膨胀，难以遏制，同时又受到外物的诱惑，不能及时检查自己的言行得失，就容易犯下错误。外物的诱惑是无穷无尽的，如果不节制自己的欲望，人就会被物化，成为物欲的奴仆。这样的人，往往会泯灭良知，从而干出许多坏事。可见，强调反思、反省的观点自古就有，这是一个人通往成功的必经之路。

林文智深知，一个管理者如果不懂得反躬自省，就不能获得经验教训，也无法成长。

但反思不是盲目的，一个善于自省自悟、完善自我的人，应该搞清楚需要反省哪些内容。经过大家的讨论，林文智总结出以下几个反省自己时需要注意的地方。

一是要反省教研管理方案。做管理方案是一个学校领导研究力的外在表现，连管理方案都做不好，就不必谈做教研了。

二是要反省教师的教研状态。世界观决定方法论，方法论体现世界观，所以管理者要及时反省教师的工作状态，关注大家有没有真正关注校本教研，有没有真正关注生本教育。如果没有，就应及时给他们做出正确的引导，帮助他们找到正确思路。

三是要反思学生的现状。学生是成就教师的人，没有学生就没有教师，所以要时刻关注学生的成长，及时帮助学生解决问题，促使学生身心健康成长。

四是要反思校园文化特色。校园文化特色是学校的生命之魂，没有特色的学校就像没有个性的人，难以产生影响力。

五是要反思团队建设。只有建设好团队，完善奖罚机制，才能激励先进工作者，惩罚投机取巧的人，才能保证团队管理的公平与有效。

六是要反省自己的不足。人活在世上，谁都难免有这样或那样的缺点和错误，谁都难免有不足的一面。林文智也不例外。例如，林文智要求教师要一视同仁对待学生，但有教师私下抱怨他都没有平等对待教师，总是关注优秀教师，忽略普通教师。林文智了解到情况后，认真反思了自己的言行，觉得自己确实做得不够好，因此表扬了提出意见的教师，并向大家征求改进意见。大家见林文智诚心待人，也都本着公正之心对待每一个学生，这让林文智十分欣慰。

只有不断反省自我，才能不断提高自己的能力，提升自我的境界。一个人如果不能及时察觉自身缺点，不能用最快的速度纠正自己的错误方向，就必然会落伍。能随时随地反思检视自己的所作所为，方能不迷失方向，方能提高自己的人生境界。《周易》说："谦谦君子，卑以自牧。"其意是说人要善于反省自我。人如同一块天然矿石，需要不断地用刀去雕琢，把身上的"污垢"去掉。过程虽痛，但雕琢后的矿石更加光彩照人，身价百倍。反省自我，也是在不断地打磨、雕琢自我，是为了提高自我的价值。

研究箴言：人如同一块天然矿石，需要不断地用刀去雕琢，把身上的"污垢"去掉。过程虽痛，但雕琢后的矿石更加光彩照人，身价百倍。

二是量化修炼。

当然，要自省自悟、完善自我不能光强调反思。林文智又采取了第二个措施：量化修炼。

事实上，每个人在做事的时候都要持有自我反省、自我修正的态度，并通过不断的追求去实现自己美好的愿望。一个善于自我反省的人，往往能够发现自己的优点和缺点，并能够扬长避短，发挥自己的最大优势。

林文智刚接手校长工作时，有个别同事认为他这么年轻，能力高不到哪里去，因此，给他制造了一些麻烦。这些事情传到教育局长耳中，教育局长也对林文智产生了一些看法。但是林文智什么都没说，依然每天都认认真真地去做好每一件工作，而且帮助教师做一些新颖有创意的课题。更难能可贵的是，林文智是个非常有心的人，他对自己每周的工作都有一个详细的记录，做什么事情，出现什么问题，都记录下来。周末，他就把问题逐条列出，逐条反思，并让教师给自己提合理的修改建议，然后在下一周把这些问题逐个击破，达到可量化、可视化修炼自我的目的。

在教育局长来视察工作时，他那端正认真的工作态度为自己赢得了好评、赢得了高分。俗话说："身正不怕影子斜，脚正不怕鞋子歪。"经过半年时间的磨炼，林文智已经熟练掌握了校长管理工作的全部要领，很快为下属所接受和尊重。

其实，我们每个人都是一只潜力股，重要的是要找到合理有效的方法让自己的潜力发挥出来；而要达到这样的目标，首先就要让自己的修炼计划可视化、可量化，这样才会使自己一天天地完善起来。

三是要树立自己的职业信仰。

有职业信仰的人没有职业倦怠感。作为一个研究型校长，自然应树立正确的教育教研信仰，才能在长期循环往复的工作中一直保持满怀激情。人的工作热情，源于他强大的心理力量，源于他的教育信仰和教育理想，只有首先向内追求，才能有根基让自己站立；只有让自己成长，提高自身专业素养，增强专业能力，才可能有一个无愧的教育人生。

20 多年的教育工作生涯，让林文智坚定了一个信念：不忘初心，坚守前行。做教育这一行，就要耐得住寂寞。他能始终守住自己那份宁静与执着，看书、教书、写作、享受课堂，聆听自己生命成长的拔节声，尽情享受着生活的宁静、生命的充盈，努力创造属于自己的丰厚的教育人生。为了更好地修炼研究力，他大量阅读、专心阅读并撰写读书心得，以提升自己的阅读深度。读书让他充满了奋发向上的热情。当同事都说他傻时，他却说：没有“独上高楼，望尽天涯路”的迷惑，没有“为伊消得人憔悴”的执着，怎会有“蓦然回首，那人却在灯火阑珊处”的惊喜？他常把生活中的小事和教育教学工作进行有机对接，让生活课堂化，让课堂生活化。他一直在做自己的教育之梦，并规划自己的人生，为自己的专业成长，为成为一名优秀教师而积淀自己。他撰写了10多篇教育教学论文发表在国家、省、市刊物之上并获奖；在《湛江日报》上发表了几十篇短讯和小说；独立主持了多项省、市级研究课题。

“不积跬步，无以至千里；不积小流，无以成江海。”林文智不是一个“我自横刀向天笑”的勇士，他只想简简单单地坚持自己的初心，一步一个脚印追逐自己的梦想。正是这种坚持和坚守，使他得到了成长。广东省第九批特级教师、南粤优秀教师、广东省“百千万人才工程”第三批名教师培养对象、广东省第一批小学高级教师（副高级）、区名校长工作室主持人、广东省第一批骨干校长培养对象……这些荣誉的获得，见证了他的成长。

不求一枝独秀，更要满园芬芳。近10多年来，林文智倾尽所能，创设宽松的支持性环境和良好的校园文化氛围，以“专家讲学、教师研修、科研引领、骨干带动、反思提炼”为研修模式，按照“学习教育理论—实施教学策略—转化教学行为”路径，以教研活动为载体，走出了一条“认识感知—实践探索—反思提升”的课改之路；及时探讨课堂教学中的热点、难点问题，集思广益，和教师们同想原因，共商对策，指导实践；还积极开展主题式教研、比赛式教研、展示式教研、反思式教研、辐射式教研、开放式教研等活动，为教师全力打造专业化成长平台，实现了教师自主管理、主动发展的目的，成就了50多名国家、省、市级骨干教师。

一个人要有所作为，除了自身的努力和组织的培养外，树立坚定的职业信仰非常重要。一个没有职业信仰的人，是不会体会到它所产生的强大的力量的。没有职业信仰的人似乎已经习惯了在黑暗中行走，却也在渐渐地被黑暗所腐蚀。信仰的伟大力量，可以改变一个人的生命，使人感到有所慰藉。没有信仰支撑的人，生命中难有动力和活力，也很难有人世间最珍贵的爱的胸襟。信仰，是所有筑梦者的拐杖，支撑他们熬过一切难关，助力实现一切伟大而瑰丽的梦想。

四是培养前摄意识。

林文智认为，人不能学鸵鸟，不愿面对现实，把头埋在沙土里来蒙蔽自己，逃避困难，这只会使困难累积起来，导致出现更严重的问题。因此，他要求自己要培养前摄意识，增强前摄行为能力，在遭遇困境时，能够反过来控制局面，而不被局面所牵制。有前摄思想的人做事具有前瞻性，能够采取积极主动的行动，使得局面被控制而不会恶化。这对一个管理者来说是非常重要的。如果一个校长遇到棘手的问题时，不能选择最适当的方式去应对，又怎么能够管理一个学校呢？所以，在学校管理工作中，林文智有意培养自己的前摄意识，不管遇到什么事情，都尝试去面对它、接受它、处理它和放下它。如此一来，他获得了快速的成长，拥有了控制大局、主宰团队的能力，同时也为团队成员提供信心支持与情绪安慰，得到了广大教职工的尊重和信任。

五是增强亲和力。

位于美国西雅图的华盛顿大学曾经发生过这样一场风波。当时，学校管理层已经选择了一处地点，准备在那里修建一座体育馆。消息一传出，立即引起了教授们的强烈反对。教授们之所以抵制管理层的这个计划，是因为这个拟建的体育馆选定的位置在校园内的华盛顿湖畔。一旦场馆建成，教职工就无法从餐厅欣赏窗外美丽的湖光山色。

原来，与当时美国的平均工资水平相比，华盛顿大学教授们的工资要低20%左右。很多教授之所以接受华盛顿大学较低的工资，很大原因是因为留恋西雅图的湖光山色。西雅图位于北太平洋东岸，华盛顿大大小小的水域星罗棋布，天气晴朗时可以看到美洲最高的雪山之一——雷尼尔山峰，开车出去还可以看到一息尚存的圣海伦火山。因为在华盛顿大学教书可以享受到这些湖光山色，所以很多教授们愿意牺牲获取更高收入的机会。他们的这种偏好，被华盛顿大学的经济学教授们戏称为“雷尼尔效应”。

那么，在现实生活中，我们可否利用“雷尼尔效应”呢？美丽的西雅图风光可以吸引和留住华盛顿大学的教授们；同样的道理，学校也可以用“美丽的风光”吸引和留住人才。当然，这里的“美丽的风光”不仅指自然风光，也可以指良好的人际关系和亲和的文化氛围。简言之，就是以亲和的文化氛围吸引和留住人才。

林文智懂得这个道理，而他在教研管理中也很好地利用了“雷尼尔效应”，为学校营造了一个美好温馨的学校环境，建立了宽松和谐的工作氛围，从而为学校吸引、留住和培养了一批又一批高素质的人才。

有一年，林文智被上级指派到一所农村小学担任校长，虽然升迁令林文智非常高兴，但在高兴的同时他又感到很不安，那就是这所学校的很多年轻教师甚至是优秀教师都选择辞职进城找工作。教师们辞职的原因除了工资低的因素之外，还因为学校很多事情都与绩效考核挂钩，学生成绩不好、教学工作不好、管理工作不好等都要扣教师的绩效分，导致很多教师的个人发展受到限制，无法满足他们的个人需求。

为了改变这一现状，林文智一上任就决定废除以前的绩效考核制度，并采取了这样的措施：一是以“缘分”思想唤醒“大家庭意识”，让教师们互敬互爱、同心协力，为了学校这个“家”而辛勤付出；二是通过专题讲座、论坛、沙龙、演讲、征文、案例分析等形式，提炼学校的核心精神文化（敬业奉献、和谐奋进、共担共荣、务实创新），激扬教师们的斗志；三是对提出好的建议的教师，对那些有出色工作表现的教师，学校会给予鼓励：四是表扬用“喇叭”，批评用“电话”，营造激励为主的用人氛围；五是记录教师的美丽镜头，感动教师。如林文智秘密安排一位擅长摄影的教师把每一位教师平时备课、上课、批改作业、辅导、学习、劳动、娱乐、获得荣誉时的精彩瞬间镜头拍摄下来，学期末为每一位教师特别制作了一个光盘礼物，令教师们深受感动。通过这样的思想引领和人文关怀，林文智凝聚了人心，激扬了大家的斗志。两年来，学校的育人环境实实在在得到了改变，很多教师心甘情愿地留校工作，甚至有其他学校的优秀教师特意找到林文智，表达自己想在其学校工作的意愿。这样，学校不仅吸引和留住了人才，也在校内创造了一种亲和的校园文化氛围，引领了学校发展。

六是要培养不服输的意识。

人生如逆水行舟，不进则退。竞争是时代永恒的主题，要在竞争中立于不败之地，不服输的意识是第一位的。有这样一则故事：某公司招聘，好多人打来电话说保安不让进，希望招聘方派人接一下。考官说如果连保安都对付不了，还是别来了。最后，翻墙进来的成了海外市场专员，讲理进来的成了研发工程师，软磨硬泡进来的成了客服经理，假冒工牌进来的当了产品经理，把保安说哭的当了销售总监，把保安买通的当了公关经理，硬打进来的顶替了保安。这则故事虽然讲得有点夸张，但是也有一定的道理。人在任何情况下都不要灰心，而要坚信自己的实力。在激烈的市场竞争中，要战胜竞争对手，拥有自己的一席之地，首先要战胜自己，培养不服输的精神，更要消除潜伏在自己内心的危机感，用充实自己的方法把自己“做大做强”。

研究箴言：要战胜竞争对手，拥有自己的一席之地，首先要战胜自己，培养不服输的精神，更要消除潜伏在自己内心的危机感，用充实自己的方法把自己“做大做强”。

当然，内求发展是一个自我完善的过程，完成这个过程需要巨大的勇气和毅力；自我完善更需要我们有坚强的意志和持之以恒的精神。但我们必须明白：自省自悟是自我完善的必由之路，如果我们能够一日三省，常扪心自问，我们就可以成长为一个有强大研究力的人。

做到了以上这几点后，林文智终于在校本教研中取得了较大的成绩，他的团队也取得了丰硕的成果。但是，科研对人的要求是日新月异的，谁也不可能做到最好，只有不断追求更好；科研之路永远有新难题、新挑战、新机遇，谁也不可能一脚定江山。你要做的是随时修炼你的研究力，占领新高地。那么，在加强修炼研究力、提升自我之后，林文智又是如何扩大团队的影响力、采取了哪些策略攀上新高峰的呢？

第九章

研究力的“蝴蝶效应”

跟许多研究工作一样，校本教研对教育有着“牵一发而动全身”的重要影响，这就是研究力的“蝴蝶效应”。身为校长，只有合理借助研究力的“蝴蝶效应”，从自己的研究成果获取最大化的效益，又不至于给其他教育工作者带来负面影响，才是真正意义的成功。在这方面，林文智就做得很好。那么，他究竟是怎样借助研究力的“蝴蝶效应”，使得自己的研究力获得最大效益的呢？

“蝴蝶效应”说的是一只南美洲亚马孙河热带雨林中的蝴蝶，偶尔扇几下翅膀，就有可能在两周后引起美国德克萨斯州的一场龙卷风。即事物的微小变化，通过连锁反应，将对事物整体的发展产生巨大的影响。

其实，“蝴蝶效应”对于校本教研工作同样适用。校本教研中任何一个环节、初始条件的微小变化，将会对研究的未来状态产生巨大的影响。只要能找到研究力的几个“蝴蝶效应”点，其神秘的面纱也就被揭开了。要找到至关重要的“蝴蝶效应”点，请先问自己以下三个问题。

第一个问题：你是一个能给下属归属感的领导吗？

研究力的第一个“蝴蝶效应”点，是能给下属归属感。

何谓“归属感”?《孟子·离娄篇下》有语：“君之视臣如手足，则臣视君如腹心；君之视臣如犬马，则臣视君如国人；君之视臣如土芥，则臣视君如寇仇。”其意是说，领导把下属看成自己的手脚，那下属就会把领导看成自己的心脏；领导把下属看成狗马，那下属就会把领导看成一般人；领导把下属看成泥土草芥，那下属就会把领导看成仇敌。可见，领导对下属以诚相待，才能换得下属的信赖，给下属以安全感和归属感。

所以，林文智紧锣密鼓地筹建校本教研工作室之时，就始终注重自己在下属面前的言行举止，加倍关爱下属，让下属获得实实在在的归属感。一方面，林文智积极培养人才，因为他知道，只有培养出肯为团队出力的人才，才能打造优秀的团队，才能更好地发挥团队“蝴蝶效应”的作用；另一方面，林文智不忘树立自己的领导形象，把自己打造成一棵可以让人乘凉、让人依靠的大树。

何为领导形象？林文智认为，一个管理者的言行举止要有自己的风格特色，能让人肃然起敬，并且有亲和力，能让下属产生亲近感、归属感。其实，当领导跟做研究一样，要苦修内功才能有所成就。只有自己的“内功”修炼好了，成为值得依靠的大树了，才会有更多人才来投靠你。自己是梧桐，凤凰才会来栖息；自己是大海，百川才会来汇聚。正是“花香自有蝶飞来”，你只有达到了那个层次，才会拥有相应的“圈子”“资源”。

所以，一个管理者要从内心完善自我，让自己更像管理者。林文智时刻提醒自己要表现得像一个管理者，时常拷问自己：为什么有的管理者说话不让他人质疑？为什么有的管理者苦口婆心，下属还不愿全力以赴？这些情况的出现，根本原因不在于你所说的内容，而在于你的人格魅力。管理者好当，只要你“装”得像个管理者；管理者不好当，因为要有骨子里的人格魅力，让下属信服你，才算有管理真“功夫”。

第二个问题：你能容得下怪才吗？

研究力的第二个“蝴蝶效应”点，是容人，就是你能容人则天下容之，你不能容人则天下毁之。一个优秀的研究型管理者，要懂得“众人拾柴火焰高”的道理，懂得发挥人才的合力来完成大事业，并且永远都应记住：成功的管理者不是一个人在战斗。

三国鼎立之时，武侯诸葛亮临危受命，立志北伐，以重兴汉室。就在这时，蜀国南方的少数民族又来犯蜀，诸葛亮当即带兵南征。到了南中地区，诸葛亮首战就大获全胜，擒住了南中地区的首领孟获。但孟获不服气，说胜败乃兵家常事，有本事就放了他再战一次。诸葛亮得知后，真的放了孟获。接下来，诸葛亮又用自己的计谋捉拿了孟获六次，同时也放了他六次，直至孟获心服口服。诸葛亮的手下不理解他为何这样做，他们认为大家长途征战，百般劳苦，就是为了制服南人，这么轻易地放走敌人简直是在开玩笑。诸葛亮却自有道理，他觉得孟获这个人虽然计谋不足，心气很高，但他是一个可用之才，如果硬来是不能降服他的，只有采用“欲擒故纵”的心战才能真正降服他。

一个管理者，如果以力服人则必有后患，只有以德服人才能真的让人心服。孟获第七次被擒，跪下起誓：以后绝不再谋反！诸葛亮见他已心悦诚服，觉得可以利用，于是便委派他掌管南中地区。孟获听后，不禁深受感动，决心好好管理南中地区。从此，诸葛亮便不再为南中地区担心而专心对付魏国去了。

林文智也是这样一个有容人胸怀、有用人能力的管理者。六年级的班主任梁老师是一个能力出众的人，可他心高气傲，常怀有“英雄无用武之地”的悲愤。林文智决定让他担任语文教研组长。之所以这样做，是因为他觉得梁老师有才干，比较善于与人沟通，而且这样可以从一定程度上满足他的表现欲，让他更有动力去工作，实现工作目标。果然，自从当上了教研组长，梁老师每天勤勤恳恳，协助林文智制订了多份合理可行的研究计划，并率先被评为“优秀研究型教师”。尝到了甜头的他还主动承担起对组员们的论文指导等任务，工作干得有声有色。后来，他还成为坚守校本教研阵营的中坚力量。这让林文智有更多的精力去搞好其他工作。

所以说，管理者能否取得杰出的成就，还要看他是否容得下怪才。

第三个问题：你是有决断力的人吗?

研究力的第三个“蝴蝶效应”点，是决断力。

都说做人要当机立断，“当断不断，必受其乱”。有足够的决断力，才能走遍天下。《薛文清公从政录》曰：“处大事贵乎明而能断，不明固无以知事之当断，然明而不断，亦不免于后艰亦。”这段话说明了人有决断力，方能服人。不管是一般人还是管理者，优柔寡断都是一个致命的性格弱点。你优柔寡断，难作决定，就会损害你在下属心目中的威信。

一个优秀的管理者，应当具备当机立断的能力。只要对事情考虑清楚，就应该果断行动。管理者的首要工作就是做决策。在管理工作中，管理者总会面临一次次的决断，有些还会是非常艰难的。管理者只有努力提高自己当机立断的能力，才能变得优秀。

能给下属归属感、能容人、有决断力，是研究力“蝴蝶效应”的三个关键点，把握了这三点，一切问题都将迎刃而解。

在找到了研究力“蝴蝶效应”的三个效应点后，林文智又通过两种策略因地制宜地挖掘与发挥其效力，以保证自己团队的研究力得以提升。

策略一　形成有特色的管理艺术

校本教研作为一种新的研究方式，是一种以校为本的研究，在其实施过程中需要教师、学生和专业人员的共同参与。不同地区教师、学生的具体情况不同，出现的具体问题也就不同，这就决定了校本教研因地制宜开展的必要性，也决定了教育管理艺术需走向特色化，即要形成有特色的教育管理艺术。

对此，林文智提出，要形成有特色的教育管理艺术，就要从学校的实际出发，凭借学校自身的师资优势进行教育研究；要防止管理者思想僵化，信奉经验主义；要明确其目的是提高学校的教学质量，而非为个人捞取荣誉。他认为，教师的研究力是作为教师这一职业所必须具备的一种能力，这种能力包括教师对所教专业、学科价值的理解能力，以及开展教育科研工作的能力。不过，这其中的每一项能力都需要教师以“捧着一颗心来，不带半根草去”的敬业精神去努力获取。

许多外界人士认为，教师就应该是学富五车、才高八斗的，所以他们教起学来应该很容易。在他们眼中，教师是一个稳定又轻松的职业，这也是早些年人们都对这个职业很向往的缘故。但是，林文智认为，要想真正做一个好教师，不是只有“一桶水”就够了的，而是要有“自来水”：活到老，学到老。这就需要教师树立终身学习理念，不断地学习，不断地提升自身的综合素质和能力，而其中一个重要途径就是提升自身的专业研究力。教师要努力成为研究型教师，否则就无法跨越专业成长的“高原区”而一生平庸无为。

一言以蔽之。形成有特色的教育管理艺术，就是要提升教师的专业研究力。作为一名教师，必须加强自身的学科研究素养，在教学实践中善于反思、勤于研究，自觉地把研究成果运用于课堂，不断向学者型、专家型教师方向发展。但是，形成有特色的教育管理艺术是一个循序渐进的过程，对此，林文智采用了三个方法来形成学校有特色的教育管理艺术。

第一个方法：善于放权，激励创新。

有句名言说得好：“实践是检验真理的唯一标准。”不管你的思想有多深刻，做研究最重要的还是关注行动的过程，而不是行动的结果。要想形成特色的教育管理艺术，管理者首先必须敢于并善于放权，才能使下属放开胆子去干。

林文智将放权作为激励下属的动力之一。在放权时，他循序渐进，遵守以下三点原则。

一是按照事物发展的规律进行，不操之过急；二是从每个教师的实际能力出发，杜绝墨守成规；三是做好团队阶梯化的工作，培养二线负责人有计划、有步骤地参与团队管理工作，纠正好高骛远、急于求成的缺点。

荣老师是一位刚刚参加工作的青年教师，由于她初入职场，还带着学生气，难免会让人轻视。经过一段时间的观察，林文智发现荣老师是一个有进取心、有行动力、敢于挑战权威且人缘不错的人，就决定破格提升她担任课题组长助理。荣老师认为，如果囿于定式思维，一个人就很难提升自我。基于此，她创造性地提出了教学分组互评的方法，这种方法比其他小组的评价方法更有效果、更有亮点，获得了大家的一致好评。她还提议要坚持遵循主体性原则，以增强团队的研究力。她的主体性原则是指教师在进行课堂教学时要从学生所处的学习主体地位出发，制订教学策略、选择教学原则、设计教学方案、组织教学过程。她认为，遵循主体性原则，是实施素质教育的出发点，既要体现教学的民主性，又要体现教学的科学性，更要体现教学的实践性。

管理者要想鼓舞士气，就必须懂得放权，放权是为了让下属拥有表现才能的机会，让他们有冲劲、有干劲，全力干好工作。管理者要让下属感悟到，自己的权利也许不够大，时间也许不够多，但是这并不表示自己就应该停止做正确的事情。也许一个人不能预知自己的行动会产生什么成果，可是如果你什么也不做，那就绝对不会得到任何成果。林文智认为放权就是对下属的信任，信任会激励下属的斗志，激发他们开拓创新的积极性和主动性。一支有特色管理艺术的团队，需要有积极主动型的队员；而一个敢于放权的管理者，才能打造有主动性、有创造力的团队，从而形成自己的特色教育管理艺术。

第二个方法：专于团队，统一目标。

汉高祖斩白蛇起义，意在一统天下，他目标明确，专于建设自己的团队。而项羽起义的主要目的是要当西楚霸王，一会儿想和刘邦交好，一会儿想振兴西楚，用心不够专一。一统天下的目标，肯定为更多人所向往，能与更多人才产生共鸣，所以吸引的贤才也就越多，再加上刘邦本人求贤若渴，以善用人才出名，所以张良、韩信、萧何等高士纷纷投奔刘邦麾下。而西楚霸王重视的是自己做霸王，身边除亚父范曾之外，再无高人。而且他胸无长志，不信任贤能，才落了个‘四面楚歌’别虞姬，乌江自刎叹天下的悲惨结局。可见，要想拥有一个有人才、有凝聚力的团队，充分发挥团队精神，就必须要统一团队目标，专注于协调团队人才，实现整个团队的有机统一。

刘邦曾在平定天下之后这样评价自己：能运筹帷幄之中，又能决胜于千里之外，我比不上张良；能安镇国家，安抚百姓，能合理分配馈饷，存粮有道，我比不上萧何；能指令百万之军，每战必胜，每攻必克，我比不上韩信。这三个人都是相当有才能的人，我用他，我就信任他，项羽有亚父辅佐，却不懂任用，不给信任，所以才会败给我。

林文智也认为，重视人才，重用人才也是凝聚队伍的一个关键，所以他敢于启用还是职场新手的荣老师。一方面，荣老师思路开阔，接受新事物能力强；另一方面，由于年龄小阅历少，不易被权威压抑。所以，她的表现也没让林文智失望。

刘邦也许谋事不如张良，存粮不如萧何，带兵不如韩信，但是这并不影响他成就一代霸业，因为他善于用人，也愿意信任自己身边的能人，才能够整合几位核心谋臣和将领的才能来完成自己的事业。林文智也不是百事通、万事能，所以他也需要召集人才为自己、为学校出力。

第三个方法：适当示弱，先礼后兵。

林文智还用了一个方法来激发大家的工作积极性，形成自己的管理特色，那就是适当示弱，先礼后兵。在担任校长后，林文智知道包括党支部李书记在内的一些“元老”对他不服气，所以，当他准备提拔荣老师担任课题组长助理，征求一些有威望的教师的意见时，一直对李书记的冷言冷语保持沉默。当荣老师取得好成绩时，林文智向李书记等“元老”表示赞赏，说正是因为他们目光锐利，胸襟开阔，才为学校挑选出了这样一个优秀人才。正是因为林文智在“元老”面前适当示弱，这些顽固的“元老”

也不好意思再横生事端，团队也和谐了很多。

林文智通过这三个方法，有效地促进了团队和谐，也形成有特色的教育管理艺术，让的自己管理网格化、系统化、弹性化，让学校能更好地在这个互联网撕裂一切的时代好好生存下去。所以我们说，有个性，才能脱颖而出；有特色，方能常开不败。有特色管理的团队，才能一直被模仿却从未被超越。

研究箴言：有个性，才能脱颖而出；有特色，方能常开不败。有特色管理的团队，才能一直被模仿却从未被超越。

我们的教育一再呼吁改革，但其过程举步维艰，而校本教研为这颇受诟病的教育改革注入了新生力量。在挑战与机遇并存的变革时代，仅仅拥有特色的教育管理艺术是远远不够的。很多时候，只有管理者一个人强，一个人厉害，一个人使劲，是不足以最大限度发挥团队研究力的“蝴蝶效应”的。那么，林文智如何给团队输入源源不断的力量呢？

策略二　打造专业的研究队伍

林文智认为，研究力离不开研究队伍成员的智力支撑，而要想打造一支有战斗力的研究队伍，就要培养一批研究型教师，并且每一位研究型教师都必须注重协助团队完成素质教育的目标、评价机制。作为管理者，首要任务是制订素质教育目标，并根据目标建构评价体系。只有当教育管理的目标体系与评价体系实现了有机统一时，才能对校本教研的开展实行有效的调节和控制。为此，林文智采取了两个措施。

措施一：加强教研组建设。

打造专业的研究团队，要充分发挥评价手段的调控功能，并在实践过程中逐步完善评价体系。这个过程是艰难的，不是一蹴而就的。对此，林文智采取了第一个措施，即加强教研组建设。如何建设教研组？主要是做好以下四点。

第一，增强教研意识。林文智要求大家使用好现有资源。校本教研离不开教学，以教学为中心是学校教育的本质特点。建设教研组，强化研究力的“蝴蝶效应”，既要强调发挥教学的主渠道作用，充分发挥教学内容的全面性、教学形式的多样性、教学时间的充裕性等优势，又要重视在教学中研究课题，提高教师的研究能力。同时，还应注重研究型教师的内在因素如研究动机、研究兴趣的培养和激发以及个人意志的磨炼等。

第二，推进整体发展。这个过程的关键一点是加强教研活动的开展，在培养教研尖子的同时，推动整个团队的发展。那种选拔部分文体、科技特长教师进行表演、亮相以求得奖的做法，是很狭隘的。

第三，活化思维方式。要让教师多研读不同领域的书籍，只有了解多个领域的知识，人的思维才更活跃，才能突破思维定式的束缚，才能激发自身的研究力。

第四，重视潜力挖掘。每个人的潜力都是巨大的，校长要积极创造机会，让大家挖掘自身潜力，形成人人力争上游的氛围。

抓好教研组建设，就是要给大家一个勇于改变现状的支点。“世界第一成功导师”安东尼·罗宾说：“我不会花一秒钟去改变任何一个人，除非他自己一定要改变。”但是，林文智认为，既然在一个团队中，大家就应该相互帮助，共同改进，共同决定有利于研究发展的重大决策。不是你的能力决定了团队的命运，而是团队的专业实力决定了你和你的团队的命运。宋代大教育家朱熹说：“圣人教人，各因其材，大以大成，小以小成，无弃人也。”可见，天生其人必有才，天生其才必有用。林文智愿意花时间去等待后进者的脚步，愿意提供机会引导大家做出改变。

有人认为林文智的这种做法是吃力不讨好，现在社会人情冷漠，各人自扫门前雪，哪管别人瓦上霜？其实不然，俗话说“打仗亲兄弟，上阵父子兵”，只有壮大教研团队，打造专业队伍，进行校本教研时才能够如虎添翼，得心应手。

下面，我们举个例子来说明一下团结互助的必要性。

很久以前，有一个人看到了蚂蚁的壮举：突如其来的水包围了一小块陆地，那一小块陆地上有许多蚂蚁，是蚂蚁的家园。蚂蚁们对水是很敏感的，因为它们不会游泳。天要下大雨了，它们总是能够预先知道，于是就能看到它们浩浩荡荡搬家的场面。但是这一次它们无法预先知道，因为这一次是人祸，有个人挖开了沟渠，要浇灌他的菜园子。天灾可以预知，但是对于人祸，蚂蚁们就无法预知了。蚂蚁们爬出了洞穴，开始是一阵慌乱，后来，蚂蚁们开始想办法了，它们慢慢地聚拢成了一个大大的蚂蚁团，这时，水漫了上去，蚂蚁团就漂在了水面，而且在微风的吹动下，蚂蚁团可以在水面上滚动。没有一只蚂蚁松手，那蚂蚁团好像向前漂得很轻盈。终于，它们抵达了陆地，分散开来，又一次开始重建家园。

这个故事告诉我们一个道理：团队要倡导合作。互相关心、互相爱护、互相帮助应当成为时代的风尚。因此，我们切不可在一个团队里过多地强调个人奋斗，而忽略了怎样与他人合作以取得成功。目前一些人奉行“丛林哲学”的价值观，即所谓弱肉强食、优胜劣汰。为了达到个人目的，可以不择手段，这无疑是极不可取的。要知道，竞争应以不伤害别人为前提，以共同提高为原则。竞争不应排斥合作，良好的合作可以促进竞争。我们管这叫“能用他人之长者为能人，能聚团队力量者为王”。

研究箴言：能用他人之长者为能人，能聚团队力量者为王。

值得注意的是，管理者也是凡人，也有私欲，也有缺点。但是，一个优秀的管理者是能够运用一系列措施来控制私欲、优化团队的专业性的。

林文智不但有魄力，懂得利用他人长处来弥补自己的薄弱之处，赢得人心，而且能反思自己的失误，然后加以改进。

林文智曾一度因过于专注教研本身而忽略了团队的利益，忽略了与社会的横向联系，被下属认为是故步自封，在背后戏称其为“老顽固”。但是，校本教研不单是一个团队的事业，更是整个学校的事业。作为一校之长，林文智必须注意全方位沟通，实施学校与社会相联系的一体化教研活动。“事不三思终有败，人能百忍则无忧。”林文智深刻反思自己的行为后，认为自己确实缺少三维立体的眼光。为了改变这样的状况，他必须忍受别人的风言风语，忍受因改变自己所必须经历的煎熬过程。如果说思变是一个火种，点燃了你胸中澎湃的激情，让你昂首阔步向前冲；那么系统调整自我心态的训练则会给你一片乌云，让你冷静下来，以一颗机敏之心观察周围的世界、关注团队前进的方向，提醒自己时刻都会有倾盆大雨。

研究箴言：事不三思终有败，人能百忍则无忧。

一个人只有经历了火种的激情、乌云的谨慎，才能最终达到如晴空万里般的从容与淡定的境界。人总是在反思反省与坚忍不拔中实现突破，进入一个全新的人生阶段。

措施二：强化横向性整合。

林文智为了激活自己和团队成员的思维，拓宽自己和团队成员的视野，打造一支团结协作、研究力强的专业团队，又实施了第二个措施，也就是强化横向性整合。他首先公开做检讨，承认自己之前那种对“双向参与”做法持可有可无态度，或者把它们当成应付检查、体验自己高品位的“装饰品”的认识是片面的，是在校本教研中的一种惰性表现，并向大家提出“图、表、库”三位一体横向性整合的做法，要求每个教研组都要有自己的课题，要有自己的名师，要有自己的平台。

这个措施的重点，就是要做好图、表、库的有机结合，将大数据应用于校本教研，从而更好地服务于教学。对于三者的结合情况，特阐释如下。

一是图，指“知识导图”。教师通过对课程标准和教材内容的深入学习，把知识内化，然后再把它具体化为“知识导图”。同时，教研组以此为依据，在各层次的备课活动中，科学引导教师的教案编写，形成自己的“知识导图”，并根据知识体系，对教学内容进行分析与取舍，确定重点和难点，以此增强教学的有效性和针对性。林文智认为荣老师擅长这方面的工作，就让她负责给其他教师普及“知识导图”原理知识，并带领大家把这一技能应用于实际教学中。

二是表，指“教研核心明细表”。在研究过程中，要想改变教师以往那种落后的研究观念，就必须强化教师在教研活动中的主体参与性。他们要根据自己的教学实践确立课题，拟定详细的教研方案，也要根据课程标准和学生的身心特点、知识结构等，将课题的内容进行梳理与分解，提出不同层次的教研目标，从而制定出具有学校特色的“教研核心明细表”。这个“教研核心明细表”，既是备课和评课的一个依据，也是开展研究的重要资料，为大家拟定课题方案提供了参考。

三是库，指“校长工作室资源库”。这个资源库主要包括校内和校外的教研资料。一方面，它要求校长具体问题具体分析，借鉴其他学校好的经验，给本校教师以正确的引导，制订合理的研究方案；另一方面，它要求教师根据本科组的教研课题，制订相应的教学目标双向表，将教研目标细化为一个个相互联系的单位，实现研究的精细化。这就要求教师制订有个性的“研究能力修炼表”，这个制表过程，无疑是教师解读自我、定位自我的过程，它让教师沉下心来研读课题、研究教材、揣摩知识点、反思自己的研究实践，从而形成主动探究意识，也巩固了自己的知识体系，能向名教师、骨干教师看齐。

这种资料库不但可以为大家做课题提供丰富的参考数据，而且有监督功能，能有效规范校本教研活动，使校本教研活动有章可循，研究目标更加明确，极大地减少了教师进行校本教研的盲目性，提高了校本教研的效率，有利于培养真正有实力而不是“光说不练”的骨干教师。这在一定程度上促进了研究型教师的成长，并增强了整个团队的研究力，从基础、拓展和提高三个层次提升了团队研究成果的质量。

图、表、库的横向性整合，是在对校本教研深入分析的基础上形成的。这促进教师从掌握教研知识向具备教研能力转化，促进教师的教研思路由重复不断的模仿转为以问题为载体的创造性研究。

目前，实操性的研究方法成为一种被普遍使用的流行方法。在实操性研究过程中，教师的自主性得到了充分的发挥，并从中获得体验，产生感悟，学到方法，从而有效地发展自身的能力。采取图、表、库横向性整合的措施，就是要让每个教师都有意识地将自己打造成研究型教师，基本实现每个科组有自己的课题、有自己的名师、有自己的平台，从而使研究力“蝴蝶效应”发挥更大的作用，让学校获得更好的发展。

林文智说：“通过贯彻教研目标的制度，我们加强了教师自主研究力的培养以及课题方案的管理；通过强调分析教材，理清知识点，依据教学目标责任制编制检测题，避免了教师上课的盲目性，提高了教研的专业性、针对性和有效性，使得各个能力层次的教师各得其所，人尽其才。专业能力高度发展才是硬道理，不管白猫黑猫，有抓鼠能力的就是好猫。”两个措施实施下来，大家都深有体会：通过深入分析教材、教学目标与教学思路进行的课堂教学，配以及时的教学反思，使校本教研的成果显著。这不仅提高了学校的教学质量，还推动了专业化研究团队的打造进程。

研究箴言：专业能力高度发展才是硬道理，不管白猫黑猫，有抓鼠能力的就是好猫。

回顾历史，我们可以发现，能担任管理者的人不外乎有三种。

第一种是有能力、有才华的人。这种人能够以实力赢得一部分人的尊重，可以带领一些小团队，做一些小事情。

第二种是能管理他人的人。这种人擅于交际，善于抓住人才的心，可以做中高层管理者。在这个职位上，他能够协调团队内部，充分激发人才的活力，引导团队向前发展。

第三种是有才华又有管理能力的人。这样的人，既能在才华上赢得他人的尊重，给自己的团队提供有力支撑，又能在管理上知人善用，最大限度发挥人才的作用，从而带出一个出色的团队。

林文智无疑是第三种人。他本身就有很强的研究能力，能给团队出谋划策；同时他又是一个研究者，有专业的知识，能给团队以专业的引导；他还是一个管理者，知道通过哪种有效途径来增强团队的凝聚力，提升团队的研究力，还懂得充分利用研究力的“蝴蝶效应”来扩大团队的影响力。

当然，“金无足赤，人无完人。”林文智并不是一个完美的人，但是这并不妨碍我们学习他执着的研究精神，学习他高明的管理艺术，学习他知人善任的方法，学习他为人处世的原则。一句话，我们从林文智的身上能学习到很多宝贵的东西。

江苏凤凰教育出版社
《行知工程》系列丛书目录

系列	序号	书　　名	主编	定价
校长领导力系列	1	《学校持续发展的研究力》	林文智　宋佳敏 王林发	30.00
	2	《校长智慧统筹的领导力》	谢耀丰　蔡丽姗 王林发	30.00
	3	《学校细节管理的执行力》	林文明　王林发	30.00
	4	《学校教育提升的引领力》	谢文东　关敏华 王林发	30.00
	5	《学校和谐融洽的协作力》	陈一平　郭雪莹 王林发	30.00
	6	《学校团队成长的学习力》	黄纪　蔡美静 王林发	30.00
	7	《学校高效管理的创新力》	张旭	30.00
	8	《学校成功管理的决策力》	邱黎明	30.00
	9	《高品质学校生长要素》	王益民	30.00
	10	《校长高校教学领导力提升策略》	徐世贵　郭文ášen	30.00
创新教学探索系列	11	《做童年面前最合适的人——我和孩子们的“童化语文”》	曹丽秋	30.00
	12	《品世界名画，学精彩作文 ——特级教师的“名画”作文教学法》	李日芳	36.00
	13	《玩出精彩作文——张化万活动作文教学经典策略》	张化万	35.00
	14	《〈红楼梦〉里的语文课》	李日芳	30.00
	15	《让学生把母语用精彩——“语用课堂”的探索与实践》	佘小红	30.00
	16	《“备”出课堂精彩——备学式教学的课堂实践与思考》	张旭兰	30.00
	17	《神奇的阅读教室——带学生踏上美妙的阅读之旅》	李祖文	30.00
	18	《打造有生命力的课堂 ——“两步八环节”教学模式探索与实践》	查联智	30.00
	19	《最能培养学生探究能力的课堂 ——小学科学与信息技术单元整体课程实施与评价》	李怀源	30.00
	20	《最能激发学生运动天赋的课堂 ——小学体育单元整体课程实施与评价》	李怀源	30.00
	21	《最能提升学生艺术素养的课堂 ——小学艺术单元整体课程实施与评价》	李怀源	30.00
	22	《“生命语文”探索——焕发语文生命力的思考与实践》	王自成	30.00

系列	序号	书　　名	主编	定价
创新教学探索系列	23	《粘连作文教学：让习作成为有个性的自我建构》	黄瑞夷	30.00
	24	《备学式教学——在体验中建构数学思维》	单广红　范雪梅	30.00
	25	《向着自主进发——自主教育的创新实施智慧》	朱亚红	30.00
	26	《写中学——让学习更有效的学科写作教学》	钟传祎	30.00
	27	《小学科学实验总动员——大科学课堂有效提升学生创新力》	江美华	30.00
	28	《小学语文单元整体课程实施与评价》	李怀源	30.00
	29	《小学英语单元整体课程实施与评价》	李怀源	30.00
	30	《小学数学单元整体课程实施与评价》	李怀源	30.00
	31	《让教学更能激发智慧——“思维碰撞”课堂的建构与实施》	程和方	30.00
新思维系列	32	《让后进生学习有后劲之36计》	严育洪	30.00
	33	《教育中的“不一定”——打破教育的19种思维惯式》	严育洪	30.00
教师修炼系列	34	《与学生一起成长——90后教师的心路反思》	王　晗	30.00
	35	《教育，爱与宽容——教师心灵礼仪修炼》	许力争	30.00
教育家核心思想系列	36	《叶圣陶论写作》	叶圣陶 著 李怀源 选编	30.00
	37	《叶圣陶谈阅读》	叶圣陶 著 李怀源 选编	30.00
	38	《多元智能理论的本土化应用》	刘治富	30.00
	39	《大教育家最具施教力的教学思想》	白刚勋	30.00
教育求索系列	40	《欣说教育那“一亩三分地” ——一位一线教师的教育微思考》	王庆欣	30.00
	41	《爱的守望——一位一线教师对教育的坚守》	林卫红	30.00
	42	《思政教学的人文力量》	戴晓华	30.00
	43	《师道新说——给教育者的30条箴言》	徐　卫	30.00
学生心理解码系列	44	《在人生的春天播种——十四岁，写给青春的一封信》	白宏宽	30.00
	45	《孩子问题行为一点通 ——只有好老师才知道的学生心理谜底》	严育洪	30.00
校本研修系列	46	《徜徉语文教研》	肖俊宇	35.00
	47	《校本研修资源的开发与利用》	陈朝林	30.00
	48	《校本研修与教师专业成长》	吴积军	30.00
	49	《卓越教师经典研修成长策略》	刘天宝等	30.00
	50	《特色校本课程开发范例解读》	刘永平　李秀伟 张雪梅	30.00
	51	《高效校本研修模型构建艺术》	刘素雁	30.00
	52	《走向实践的教研——中小学教育科研引领与应用》	江　敏	30.00

系列	序号	书　　名	主编	定价
名校系列	53	《让每个孩子都成志 ——清华附小主题阅读课程的实施探索》	窦桂梅	30.00
	54	《让每个孩子都成志 ——清华附小主题实践课程的实施探索》	窦桂梅	35.00
	55	《向着朝阳走去——清华附小合作办学实践探索》	窦桂梅	30.00
精彩课堂系列	56	《给孩子更好的数学课堂》	易增加	30.00
	57	《小学生阅读素养的提升策略》	邵巧治	35.00
	58	《从语文素养走向生命成长 ——小学语文读写课堂教学密码》	曾海玲	30.00
	59	《真实的品德课》	朱淑秀	30.00
	60	《英语课堂学习共同体——新型的师生交互学习场》	杨延从	30.00
	61	《指导自主学习——初中数学学与教的研究与实践》	刘其武	30.00
	62	《玩出精彩的课堂 ——小学低年级教与学方式转变研究》	陶红松	30.00
	63	《让生命之花自主绽放——语文个性化教学建构策略》	商德远	30.00
	64	《让学生亲历知识——主体参与下体验式学习的实施策略》	何世祥	30.00
教育思想者系列	65	《高效教学的道与术——陶继新教育讲演录》	陶继新	30.00
	66	《名校之道——陶继新对话名校长（1）》	陶继新	30.00
	67	《教育，一切从孩子出发》	黄　俭	30.00
教育管理力系列	68	《缔造唯美教育——延奎小学素质教育实施策略》	易增加	30.00
	69	《让普通学校崛起的 20 个细节——“生命为本”教育团队成长密码》	李其玉	30.00
	70	《“走”出教育的精彩：走动式学校管理文化构建》	罗　军	30.00
	71	《校长兵法：学校管理四十六计》	皮大鹏	30.00
班级文化系列	72	《活力班级的文化建设》	胡　珏	30.00
	73	《做幸福的班主任》	吕　丽	26.00
高效能教学系列	74	《高效能教师的 10 个好习惯（中学卷）》	张　瑾	30.00
	75	《让作文落地生根——提高写作实效的教学策略》	黄桂林	30.00
	76	《高效能作文教学 5 项修炼》	陈步华	30.00
	77	《高效能校长的 10 个好习惯》	张　勤	30.00
	78	《高效能教师的 10 个好习惯（小学卷）》	谢　英	30.00
	79	《高效能语文教学 5 项修炼》	王其华	30.00
新课程探索系列	80	《语文新课程的批判与重建》	葛桂斌	30.00

系列	序号	书　　名	主编	定价
美国名师教学译丛	81	《美国名师游戏教学本土化应用：幼儿园》	（美）玛西娅 L. 泰特 著 胡珍　瞿菁　编译	30.00
	82	《美国名师游戏教学本土化应用：小学英语》	（美）玛西娅 L. 泰特 著 杨永华　张心影　编译	30.00
	83	《美国名师游戏教学本土化应用：小学数学》	（美）玛西娅 L. 泰特 著 谢艳红　编译	30.00
	84	《美国名师游戏教学本土化应用：小学科学》	（美）玛西娅 L. 泰特 著 刘丽萍　编译	30.00
	85	《美国名师游戏教学本土化应用：小学社会》	（美）玛西娅 L. 泰特 著 姜梅芳　编译	30.00
	86	《美国名师游戏教学本土化应用：小学音体美》	（美）玛西娅 L. 泰特 著 尹立志　编译	30.00
鲁派名师名校·教育探索者系列	87	《悦读立人——校园阅读文化体系构建策略》	杨世臣	30.00
	88	《教育智慧何处来——一位特级教师的思考手记》	付立全	30.00
	89	《和雅文化——校本课程的创新构建》	汤善香	30.00
	90	《让个性绽放精彩——学校课程体系整合与创生》	谢建伟　徐淑萍	30.00
	91	《让每个学生都幸福——最能润泽生命的学校文化建设》	谢建伟　张新喜	30.00
生态化校园系列	92	《文化管理——构建生态和谐校园的必由之路》	付全新	30.00
	93	《点燃学习的激情——构建校园生态化学习型组织》	杨树岳	30.00
	94	《课改突围——构建学校生态化教学体系》	杨树岳	30.00
教育新思考系列	95	《语文教育向何处去》	王　丛	26.00
	96	《教育，就是做好普通的事》	孙志毅	27.00
	97	《走出语文的偏见——让学生体悟文本的原义》	丛智芳	30.00
	98	《让语文教学更高效——批注式阅读教学探索》	韩中凌	30.00
	99	《读写互促——探寻学以致用的语文教学》	曹　龙	30.00
	100	《跳出数学教数学——用文化融通数学教学》	马建秀	27.00
名师感悟系列	101	《让心灵伴着歌声成长——22 位音乐名师的教育智慧》	陈　璞	30.00
	102	《超越自我的教师——32 位名师的成长感悟》	李卫东　李秀伟	35.00
	103	《心灵的守护者——19 位名班主任的教育智慧》	王晓松　曲文弘	30.00
	104	《名师感悟班主任有效工作艺术 90 例》	符礼科	30.00
	105	《名师感悟有效教学 90 例》	林高明　徐玉烟	30.00
信息化教学系列	106	《巧用白板教语文——信息技术与语文教学操作指南》	蒋丽清	30.00
	107	《跨越式实现高效课堂 ——信息技术与课程整合高效教学方案评析》	陈　玲　刘　禹	30.00

系列	序号	书名	主编	定价
教师必读系列	108	《教师必学的16堂修养课》	武宏伟	30.00
	109	《教师不可不知的教学心理效应》	叶勇军	30.00
	110	《班主任不可不知的管理效应》	奚一琴	30.00
	111	《教师不可不知的教育心理效应》	孙　媛	30.00
	112	《校长不可不知的管理效应》	谢申刚　张金豹	30.00
	113	《成为好教师的7项修炼》	王福强　李维华	30.00
	114	《如何让学生会学习》	龙　冰	30.00
	115	《如何让学生爱学习》	周震宇　许小燕	30.00
核心教学主张系列	116	《新生代语文名师核心教学主张》	许友兰	30.00
行思讲坛系列	117	《灵动而朴素地教语文——潘文彬的微格教育生活》	潘文彬	30.00
	118	《师爱无疆——润泽学生心灵的教育故事》	侯忠彦	30.00
	119	《怎样反思更有效 ——促进教师专业发展的反思策略》	诸贝贝	30.00
	120	《成为高度自觉的教育者——写给后课标时代的数学教师》	许卫兵	30.00
	121	《哲思数学课》	刘全祥	30.00
	122	《智慧数学课——黄爱华教学思维的实践策略》	黄爱华	30.00
	123	《童趣数学课》	徐　芳	30.00
	124	《把学生教聪明》	严育洪	30.00
	125	《教师最应该规避的教育误区》	杨坤道	30.00
	126	《用语文的方式教语文——潘文彬教学主张与实践智慧》	潘文彬	30.00
	127	《怎样让阅读教学更有效 ——提升教学能力的十种读诵模式》	汪秀梅	28.00
	128	《让生命在润泽中起舞 ——当代小学生最需要的主题班会》	吴联星　罗　琳 冯卫东	30.00
	129	《让生命欢快拔节 ——当代中学生最需要的主题班会》	冯卫东　吴联星	30.00
	130	《课堂因生成而精彩——高效教学的生成智慧》	张文质	30.00
	131	《回到每一个人的生命化教育 ——张文质二甲中学教育行动录》	张文质	30.00

系列	序号	书　　名	主编	定价
中国教育变革之路丛书	132	《百年树人师何为——教师队伍建设困顿与出路》	将丽珠　李玉向	30.00
	133	《入园何时不再难——学前教育困惑与抉择》	曾晓东 范　昕　周　慧	30.00
	134	《三尺书桌何处寻——流动人口子女教育困难与破解》	范先佐	30.00
	135	《苦旅何以得纾解——高考改革困境与突破》	郑若玲	30.00
	136	《择校纠结何时了——择校问题困局与治理》	曾晓东　周文海 曾娅琴	30.00
创新教学思想系列	137	《“大问题”教学的形与神》	黄爱华　张文质	30.00
教育漫笔系列	138	《课堂，诗意地栖居》	吴书华	30.00
教学提升系列	139	《有思想地教阅读——让学生学会品读文字真意》	王学东	30.00
教育艺术提升系列	140	《藏在师生体态语言里的教学智慧》	张　宇　廖生波	30.00
教学全手册系列	141	《小学习作教学全手册》	郭家海	30.00
	142	《中学写作教学全手册》	郭家海	30.00
	143	《情境教学操作全手册》	冯卫东	35.00
	144	《合作教学操作全手册》	李春华	35.00
	145	《探究教学操作全手册》	周新桂	35.00
	146	《自主教学操作全手册》	诸葛彪	35.00
	147	《创新教学操作全手册》	王　玮	35.00
	148	《班主任工作全手册》	刘沛华	35.00
	149	《新教师工作全手册》	周震宇	35.00
	150	《学生心理健康教育全手册》	刘海莉　刘春杰	35.00
	151	《高效教学操作全手册》	马友平	35.00

系列	序号	书　　名	主编	定价
创新人才培养系列	152	《创新人才培养校园科普精品课程开发与指导——人大附中创新人才培养》	罗　滨	30.00
	153	《创新人才培养特色校本课程开发与创新人才培养——清华附中“国际安全下的科学技术”课程构建与实施》	王殿军　方　研　赵宏雁	30.00
	154	《创新人才培养：学校实验室建设与管理》	刘克文　杨发丽　杨　平	30.00
	155	《创新人才培养：数学探究活动开发与指导》	马云朋　韩继伟	30.00
	156	《创新人才培养：化学研究活动开发与指导》	王　磊	30.00
	157	《创新人才培养：物理探究活动开发与指导》	廖伯琴	30.00
	158	《创新人才培养：地理探究活动开发与指导》	张建珍　陈　澄	30.00
	159	《创新人才培养：生物探究活动开发与指导》	张迎春	30.00
	160	《创新人才培养：理念探索与思维突破》	王晶莹	30.00
新生代通派名师系列	161	《简约数学教学》	许卫兵	30.00
	162	《语文教学的本真——情意课堂展现母语之美》	吴建英	30.00
	163	《语文课堂的理想追求——欢快达成三维目标》	董一红	30.00
	164	《阅读教学的真髓——意象构建读出文学的真美》	祝　禧	30.00
	165	《美术教育的真谛——审美人生教育让生命绚丽成长》	陈铁梅	30.00
	166	《语文教学的理想境界——无痕教学润泽生命》	李　凤	30.00
	167	《儿童作文的本义——嬉乐作文让儿童乐并成长着》	王笑梅	30.00
	168	《名师是怎样炼成的》	王建明　王笑君	35.00
幼师成长系列	169	《幼儿行为背后——教师如何读懂幼儿的心思》	吴亚英	30.00
	170	《最具教育力的22种幼儿教育思想》	杨　达	30.00
	171	《幼儿教师必知的安全应急措施》	杨　达	30.00
	172	《幼儿教师必备的教育技能》	李　玲	30.00
	173	《卓越园长21条幼儿园管理策略》	周　丹　江东秋	30.00